Collectif sous la direction d'Arnaud Riou

Bas les masques !
Ce que le confinement nous a appris

Massot Éditions

Merci aux Éditions de l'Homme pour les bonnes pages de Thomas d'Ansembourg.

Pour soutenir la librairie indépendante, les auteurs reversent la totalité de leurs droits et l'éditeur une partie des bénéfices à l'Adelc (Association pour le Développement de la Librairie de Création).

Couverture : Quentin Richard.

ISBN papier : 978-2-38035-273-3
ISBN numérique : 978-2-38035-274-0
ISBN numérique gratuit : 978-2-38035-281-8
Dépôt légal : juin 2020

Sommaire

Introduction

Par Arnaud Riou

Cinquante-cinq ! Nous aurons passé cinquante-cinq jours en confinement, chez nous, dans notre ermitage ou dans notre prison, ahuris, révoltés, inquiets ou reposés par cette pause imposée. Nous avons hiberné au milieu du printemps dans la maison de bois, de paille ou de brique, que nous avions construite avant la tempête. Une période qui s'inscrira dans l'histoire, et dans notre histoire personnelle, tant elle aura bouleversé nos comportements.

Pendant ce printemps critique, nous avons tout réinventé, nos déplacements, notre métier. Nous avons découvert les gestes barrières, la distanciation sociale, le port du masque. Nous avons fait l'école à la maison, avons imprimé des attestations pour sortir, et rempli les placards de papier hygiénique. Dans quel but ? Nous avons regardé les chaînes de télé, ou les informations alternatives en boucle, ou nous avons coupé les écrans, pour respirer et nous réjouir du fait que la nature reprenne ses droits. Nous étions près de cinq milliards à être confinés.

Que vit la terre, sans l'homme ? Nous avons été émerveillés de revoir des cerfs traverser Fontainebleau et des dauphins s'approcher des plages. Nous avons tenté d'établir des liens entre la santé, l'argent, la liberté, de comprendre l'origine de cette crise. Nous avons décortiqué l'étymologie du mot « complot ». Nous nous sommes interrogés sur l'utilité du confinement, sur la nature de la chloroquine, nous avons vu adopter les lois liberticides, la recrudescence des dénonciations, des violences conjugales, mais aussi les initiatives solidaires et créatives. Nous avons applaudi à 20 heures, nourri des blogs et des pages YouTube. Nous avons appris que nous étions en guerre. Nous avons cherché les masques, les responsables, les héros ou les menteurs.

Nous nous sommes demandé si nous allions tenir. Et nous avons tenu.

Il était l'heure bientôt de sortir. Cachés derrière nos masques, les arborant fièrement ou refusant de les porter. Nous sommes sortis la trouille au ventre ou la paix en bandoulière plus déterminés que jamais à vivre en vérité. Qu'aurons-nous appris de cette période ?

Pour qu'il ait servi à quelque chose, nous devrons répondre : Qu'aurons-nous compris de ce confinement ? Qu'aurons-nous appris sur nous, notre capacité à rester isolé, à faire preuve de discernement et de calme dans la gestion des informations ? Qu'aurons-nous compris des liens entre la santé, l'argent, nos modes de vie ? Qu'aurons-nous appris de nos cellules familiales, de notre envie de vivre ensemble, en couple, sur un même palier, dans un même immeuble, dans un même pays, sur une même planète ? Comment les pro-masques pourront apprendre à vivre avec les anti-masques ? Comment réagirons-nous à l'arrivée du vaccin, des brigades sanitaires ? Que seront devenues nos utopies ?

Qu'aurons-nous appris, compris, ressenti de notre fonctionnement intérieur lorsque nous sommes enfermés ? Aurons-nous établi les liens entre la crise sanitaire et la crise sociale ? Entre l'économie et l'écologie ? Entre notre façon de consommer, de nous soigner ?

Qu'aurons-nous appris de notre capacité à accepter, à nous soumettre, à nous révolter ? Qu'aurons-nous appris de nous et du monde ? Et que serons-nous prêts demain à changer pour le voir évoluer ?

En tant qu'écrivain, je me suis demandé moi-même, quand prendre la parole ? Pour dire quoi ? De quelle façon ? Dans quel but ? Le fatras des mots brouillait les pistes et voilait notre discernement. J'ai eu besoin dans un premier temps de plonger en moi, de faire silence, de profiter de ce temps accordé pour faire un bilan. J'ai eu besoin d'apprendre, non pas des infos, mais de la nature, de ma nature. J'ai eu besoin d'établir les liens entre mes valeurs et ce futur qui se dessinait. Si cette crise était comme je le pressentais une opportunité d'un monde d'après, je ne voulais pas rester de côté. Trop longtemps que j'appelle cette transformation de mes vœux.

J'ai eu besoin de vérité, de clarté, de long terme, de vision holistique. J'ai eu besoin de mieux connaître mes voisins, mes amis, les sociétés qui nous gouvernent. Alors j'ai pris la plume. Elle était trop lourde, c'est pourquoi j'ai choisi de la partager, avec d'autres auteurs, qui comme chacun étaient confinés et tentaient d'y voir clair derrière le brouillard ambiant. Immédiatement ce titre s'est imposé.

Bas les masques, comme une évidence. Au moment de sortir de ces cinquante-cinq jours de confinement, que disent de nous ces quelques centimètres de tissu que nous portons ? Pour se protéger de qui ? De quoi ? Jusque dans les voitures, seuls dans l'habitacle, nous sortons masqués. Le masque introuvable hier, inutile selon certains ministres en mars, devient obligatoire même en plein air. Pour combien de temps ? Conserverons-nous cette habitude à nous masquer, à nous protéger de l'autre ou à vouloir le protéger de cette façon aux prochaines grippes, gastros ? Et si le plus dangereux des virus, comme annonçait le maître indien Osho, était la peur ?

J'ai eu envie d'interroger des amis, des auteurs que j'apprécie parce qu'ils consacrent leur vie à explorer les mécanismes de notre humanité. Parce qu'ils ont en commun ce discernement, cette intelligence du cœur, cette humilité et cette sensibilité à fleur de peau. J'ai eu envie de leur confier une plume libre qui réponde simplement à cette question : qu'est-ce que la crise nous aura appris ?

Un livre comme une mémoire de ce que nous avons vécu entre le 17 mars et le 11 mai 2020, avant que la vague n'efface trop rapidement le souvenir de ces cinquante-cinq jours tellement riches, tellement incroyables, tellement porteurs d'avenir. Non pas un manifeste militant, comme une leçon de morale, qui nous accorde sur ce qu'il faudrait faire ou changer en nous, ou dans le monde, mais un regard croisé, d'hommes et de femmes, bouleversés chacun dans l'instant par ces deux mois hors de tout. Ces auteurs parfois philosophes, parfois à fleur de peau, parfois abattus, ou révoltés, mais chacun aussi soucieux de l'équilibre humain que de l'équilibre de la planète. Un regard que j'espère humblement inspirant. Nous ne nous attendions pas à ce confinement, alors, pour paraphraser Edgar Morin, attendons-nous à l'inattendu en nous laissant surprendre par la suite que nous allons écrire ensemble. Car il n'est plus temps de se tenir sur le bord. C'est ensemble que nous construirons ce nouveau monde, ce monde d'après. Une fois que nous en aurons fini avec nos masques.

J'ai proposé à **Fabien Rodhain** l'auteur des *Seigneurs de la terre*, qui s'est toujours investi dans l'écologie et dans l'intelligence collective de nous rejoindre et de partager sa sensibilité à fleur de peau. J'ai contacté **Guibert del Marmol**, qui s'est soigné par les médecines naturelles et par la vision chamanique d'une tumeur au cerveau et transmet depuis aux entreprises sa vision holistique des organisations. Il fait partie de ces hommes rares qui pèsent leur parole et ne cèdent jamais ni à aux jugements hâtifs, ni aux visions limitées. J'ai aussi fait appel à **Pascale d'Erm** qui vient de réaliser ce magnifique film *Natura*, dans lequel des scientifiques nous rappellent que notre première médecine s'appelle la forêt et notre mère, la Terre. J'ai invité **Sébastien Henry** qui établit avec passion les liens entre la spiritualité, la sagesse et le monde des entreprises, **Romain Cristofini** qui accompagne les dirigeants et leurs collaborateurs dans le nouveau monde en engageant leur cœur et leur intelligence spirituelle, **Philippe Guillemant**, chercheur au CNRS, qui connaît mieux que personne les voies possibles du transhumanisme, du traçage et ses dérives. Il a accepté de partager avec nous sa théorie du futur pour mieux comprendre notre passé. **Patrick Viveret** a accepté mon invitation. Philosophe et essayiste altermondialiste, conseiller maître honoraire à la Cour des comptes, Patrick sait si bien créer les ponts entre la philosophie et les chiffres, il nous invite à un autre regard sur l'économie. Je voulais savoir comment **Sandrine Roudaut**, auteure de *L'Utopie mode d'emploi* vivait son confinement et quel regard elle portait sur sa précieuse utopie. J'ai demandé à mon ami, **Jean-Philippe Magnen**, thérapeute et ancien porte-parole d'Europe Écologie les Verts de partager avant tout son regard, celui d'un homme qui se soucie davantage du bonheur de son prochain que de la politique. Puisque la santé est liée à l'alimentation, j'ai invité **Marion Kaplan** à nous rejoindre. Marion est à mes yeux l'une des plus grandes spécialistes de l'alimen- tation et de l'immunité naturelle. Sa parole était indispensable. Parce que nous oublions parfois que Galilée, Platon, Hippocrate ou Jung établissaient les liens entre la politique, les arts et les étoiles. Je voulais savoir ce que les planètes nous enseignaient de cette période. J'ai demandé à mon amie **Muriel Siron**, astrologue, de nous éclairer sur les messages du ciel. Alors que tant de familles se sont déchirées pendant le confinement, que la communication est au cœur de cette période, et que beaucoup sortent désormais masqués et la trouille au ventre, j'ai eu besoin que mon ami **Thomas d'Ansembourg,** l'auteur de *Cessez d'être gentil, soyez vrai,* partage sa vision et ses conseils. Je tenais à ce que **Sophie Andrieu**, auteure de *L'Autonomie spirituelle*, fondatrice de *Women in action* et ambassadrice à l'ONU, nous transmette son témoignage. J'ai vraiment apprécié que **Michel Odoul**, l'auteur de *Dis-moi où tu as mal, je te dirai pourquoi,* de *Dis-moi comment aller chaque jour de mieux en mieux* et fondateur de l'Institut français de shiatsu nous rejoigne avec la générosité et la spontanéité qui sont les siennes.

Je ressens beaucoup de gratitude pour le fait que toutes ces personnes magnifiques aient spontanément accepté de se joindre à l'aventure dans un temps record malgré, pour tous, un calendrier chargé et d'autres œuvres en préparation.

Je remercie du fond du cœur Florent Massot, éditeur, et son équipe – notamment Hélène Bouchoucha et Quentin Richard –, de s'être tout de suite investis dans cette initiative pour la rendre possible et d'être aussi réactifs en réussissant l'exploit de sortir le livre déjà en ligne, dans cette période du solstice et des moissons, le 19 juin. Jour d'espoir et dès l'automne en librairie.

Nous savons que les éditeurs et les libraires sont très affectés par la crise, c'est pourquoi, je remercie tous les auteurs cités d'avoir accepté que nous offrions la totalité de nos droits d'auteur aux libraires indépendants. Parce que les libraires indépendants sont les garants d'une liberté d'expression diversifiée que nous souhaitons pérenne dans le temps.

Enfin, je remercie toutes celles et ceux qui, en achetant *Bas les masques !*, ne se contentent pas d'acheter un livre, mais se mobilisent comme nous dans un acte militant dont nous sommes chacun les acteurs. Non pas un acte contre, mais un acte pour. Non pour critiquer ou dénoncer un système qui ne nous convient plus, mais pour en créer un autre, ensemble, plus généreux, plus solidaire, plus respectueux et plus sensible, qui rende le précédent obsolète.

Arnaud Riou est un enseignant spirituel. Il est auteur et conférencier. Il a passé douze ans auprès des maîtres spi- rituels de différentes traditions au cours de ses voyages en Inde, au Tibet, en Mongolie et est l'un des premiers Fran- çais à être reconnu chaman par les Mongols. Il accompagne des groupes depuis vingt ans, a formé plus de dix mille per- sonnes à son approche et est intervenu dans plus de cinq cents entreprises. Il est le fondateur de la Voie de l'ACTE Approche Consciente de la Totalité de l'Être. Il dirige un centre de formation dédié aux managers d'entreprise à Pa- ris et un centre de méditation et de retraite en Bourgogne. Il est l'auteur de quatorze ouvrages dont le best-seller Réveillez le chaman qui est en vous, Les Nouveaux Sages et L'Oracle du peuple animal.

Qu'ai-je vécu, qu'ai-je appris ?
Petit anti-journal de confinement
Par Fabien Rodhain

Emporté dès la première seconde par la proposition d'Arnaud sans que soit nécessaire la moindre négociation avec moi-même, c'est dans mon instant présent que j'écris.

Évidence ? Sans doute, et pourtant... pas tant que ça ! Car depuis le début de cette période folle (celle du confinement, ce mot dont j'ignorais le sens jusque-là !), j'ai connu la tentation de l'écriture sur ce thème, *in situ*. Mais comment vous dire ? Ce n'est pas mon truc, définitivement.

Incapable d'esquisser la moindre ligne valable sur les hauteurs du lac de Côme, à Saint-Malo ou face à Porquerolles, j'ai toujours eu besoin d'être de retour en mon port d'attache pour voir débarquer les épices, vins et autres exotismes que je ramenais, de les humer chez moi et, ainsi, d'en tirer « ma substantifique moelle ».

Il en va de même, pour moi, en cette période bouleversée que nous avons vécue, et dont nous ne sommes sans doute pas quittes. Donc désormais de retour en mon port d'attache – la situation quasi « normale » d'avant, en tout cas celle dont nous avons l'insensée habitude – puis-je laisser ma plume conter comment vit en moi, avec un peu de recul, ce fameux voyage de cinquante-cinq jours. Un périple plein de paradoxes. Parce qu'il nous a réunis, nous tous, mais séparément. Parce que ce fut un véritable voyage, mais intérieur. Parce que nous connaissons son début, mais non sa fin !

Comment prétendre être prêt ?

« Connaître le terrain n'est pas arpenter le terrain » disent les frères Wachowski dans *Matrix*. Depuis des années, j'avais la conviction que je connaîtrais l'effondrement. Non forcément la disparition de la vie, bien sûr, ni celle de l'humanité, mais au moins la chute de notre modèle sociétal basé sur le confort matériel, qui prospère sans vergogne sur les inégalités et la prédation de la Terre-Mère. Qui allumerait la mèche : la finance, l'économie, le climat, le sanitaire ou le social ? Ma seule certitude était que, vu le niveau d'imbrication et d'extrême fragilité de l'ensemble, une crise dans un seul de ces domaines ferait tomber tout le système, comme un château de cartes.

Proche de plusieurs penseurs de l'écologie de diverses générations, des « pères de la bio » aux collapsologues, j'étais donc intellectuellement préparé. J'avais même écrit, un an plus tôt, une petite « lettre positive[1] » consécutive à la période d'écodépression ou encore de solastalgie[2] que je venais de vivre, selon les termes à la mode. J'y faisais un parallèle avec la courbe du deuil, chère à Elisabeth Kübler-Ross[3]. Oui, mais voilà... Penser les choses et les vivre sont en effet deux choses radicalement différentes !

Je me suis donc retrouvé sidéré – c'est le mot juste – pendant quelques jours. Comment dites-vous ? Fini de se déplacer à volonté ? Plus de marchés en plein air ? De terrasses où prendre une bonne bière au soleil ? Interdit de recevoir nos propres enfants, ou d'aller voir notre

1. « Bonheur et conscience écologique ?!? ». Voir : fabienrodhain.com/mes-lettres-positives.
2. Solastalgie : « détresse profonde causée par les changements perçus comme irréversibles de notre environnement » (Futura-Sciences).
3. Elisabeth Kübler-Ross : psychiatre helvético-américaine qui a popularisé la courbe du deuil et ses étapes incontournables (choc, déni, colère, marchandage, dépression, acceptation, pardon...).

vieille maman ? De faire la bise, et même de serrer la main à nos amis ? Et ce, jusqu'à nouvel ordre, à un horizon indéterminé ? Gâteau sur la cerise, nous serions « en guerre » ! Et ce, contre un petit virus de rien du tout...

N'est-il pas effrayant de basculer vers un monde dont nous ignorons tout ? Surtout quand nos dirigeants semblent tout aussi dépassés que lorsque les Allemands contournèrent la ligne Maginot pour nous surprendre, il y a presque un siècle...

Mais pourquoi refuser l'improbable jouissance ?

Et pourtant... Quelle bénédiction que ce court-circuit dans nos quotidiens ancrés depuis quoi... des décennies ? Des siècles ? Mais quel dieu facétieux a-t-il eu la géniale inspiration d'appuyer sur la touche « pause » des cages dans lesquelles nous courons sur place, tels des hamsters, depuis un temps tellement long que nous sommes incapables de nous le remémorer ? Qu'il en soit remercié !

Je renoue avec un luxe oublié depuis bien longtemps – probablement l'adolescence, à l'époque des longues semaines de vacances estivales. Un truc banal et pourtant effrayant à l'époque, nommé « l'ennui ». Oh ! comme il serait aisé de le fuir, ce sentiment, en remplissant mes journées ! Comme il serait simple de me lancer dans l'hyperactivité en rationalisant la situation présente et à venir, tel le saint patron du patronat : il va bien falloir travailler beaucoup plus dur pour rattraper ce qui a été perdu, n'est-ce pas ?

Ce n'est évidemment pas mon choix, qui est de laisser du temps au temps. Celui de me regarder à l'intérieur ; peut-être cela sera-t-il utile ? Il faut dire que j'exerce deux spécialités professionnelles : écrivain d'une part, professionnel de la relation d'aide et de l'intelligence collective d'autre part. Pour cette seconde, je pressens rapidement que nous devons nous préparer à accueillir ce qui émergera plus tard – une fois passé ce moment de stupéfaction où nous sommes, durant plusieurs semaines, privés de notre quotidien, tels des enfants à qui on a confisqué leurs jouets favoris.

Le « jour d'après » me semble, par anticipation, bien plus complexe que la situation de privations nées du confinement. Ce jour où, à nouveau livrés à notre rassurant et engourdissant quotidien – celui de « l'avant » retrouvé – nous nous rendrons compte que là n'est pas la vraie vie. Celui que, à vrai dire, nous vivons au moment où j'écris ces mots. Où des mères et des pères retrouvent le chemin du bureau, à l'heure où ils repensent avec nostalgie à ces moments insuffisamment vécus avec leurs enfants, au cours de ces cinquante-cinq jours. Où ils craquent de ces journées passées sur des outils numériques, prolongeant par webcams interposées l'obligation de faire vivre une « économie » dont ils savent, au fond, qu'elle est sans lendemain durable. Où certains tremblent devant les annonces apocalyptiques d'une récession pire que celle de 1929, pendant que d'autres craignent par-dessus tout le retour au fameux *Business As Usual*: le « monde d'avant », comme si rien ne s'était passé...

Je pressens qu'il nous faudra accueillir ces lendemains pleins de nouvelles interrogations et souffrances, ce qui me semble impossible si je ne commence pas par m'accueillir moi-même. Sur un miroir dans notre cuisine, j'ai inscrit la pensée d'Edgar Morin : « Attends-toi à l'inattendu » – oxymore ô combien adapté !

Résilience, quand tu nous tiens...

Dès les premiers jours, j'ai commandé d'urgence une fontaine, apte à filtrer de l'eau de rivière... Au cas où... Mais aussi « l'eau du robinet » et ses résidus de pesticides, de pilules contraceptives, de perturbateurs endocriniens, ainsi que ses énormes quantités de chlore (augmentées pendant le confinement !), indispensables pour rendre « potable » cette eau qui a recueilli nos excréments avant d'atterrir dans nos verres (singulière spécificité de l'humain au sein du règne animal !).

Deviendrais-je survivaliste ? Pas vraiment, j'ancre simplement dans le réel des velléités que je traîne depuis des années, issues de la conviction que nous devons avancer sur le chemin de la résilience, que je vois comme la somme d'un minimum d'autonomie et d'un maximum d'entraide. Cela tombe bien, nous sommes au bon endroit : depuis deux ans, nous avons fait le choix de vivre dans le val de Drôme, également appelé « Biovallée » parce qu'il a entamé sa transition depuis plusieurs décennies. Outre la beauté saisissante de la région et de son habitat, je m'y sens particulièrement bien, grâce aux valeurs humaines que j'y perçois – il suffit de se rendre au marché du samedi matin à Crest pour s'en rendre compte.

De fait, ce territoire a montré sa résilience à une vitesse éclair. En quelques jours, était organisée ici une livraison de fruits et légumes bio, là un regroupement de producteurs dans une ferme permettant le respect des fameux gestes barrières. À Crest même, le marché ne ferma qu'un seul samedi, le temps de mettre en place, là aussi, une organisation favorable à la sécurité de tous. Les habitants ont pu se nourrir plutôt facilement, et les agriculteurs écouler une bonne partie de leur production. Parce qu'ils sont en circuit court.

J'ai conscience de la chance qui est la nôtre, et des inégalités qui ont rendu ce confinement particulièrement pénible pour de nombreuses personnes et familles. Loin de moi l'idée de faire le malin sur notre situation ! Mais il me semble important de témoigner que la fameuse résilience, de plus en plus invoquée tel un mantra, n'est pas un vain mot, qu'elle fonctionne sur ce territoire comme sur d'autres, et peut partout – doit partout ! – s'organiser. Car il est bien possible que la pandémie de Covid-19 ne soit qu'une sorte de répétition générale, et qu'elle apparaisse à l'avenir « comme une aimable plaisanterie » (pour reprendre une expression d'Aurélien Barrau) au regard de ce que nous nous apprêtons à vivre, si nous continuons à inscrire l'humanité sur la démarche collectivement suicidaire qui est globalement la sienne.

Mais revenons-en à notre expérience. Nous avons accéléré la création d'un potager. Lorsque je dis « nous », je dois rendre à César ce qui lui appartient car je parle beaucoup et fais peu dans ce domaine. Mon épouse parle peu et fait beaucoup. Je ressens beaucoup de gratitude pour notre entente, encore raffermie dans cette période, et notre complémentarité. Pierre Rabhi dit souvent que « son temps à jardiner n'est pas négociable » mais chez moi, c'est l'écriture qui ne l'est pas… En tout cas, pour l'instant !

Je ressens que cette période nous a rapprochés des besoins essentiels, ceux qui forment la base de la fameuse pyramide de Maslow et qui touchent à la survie : boire, manger, avoir un toit, se chauffer. Quelle dégringolade pour cet animal pensant, qui se croyait tout-puissant… Et quelle réjouissance de se sentir en lien avec le vrai sel de la vie ! Nous avons décidé d'améliorer le fonctionnement de notre cheminée. Un potager pour nous nourrir au moins en partie, la possibilité de purifier l'eau de rivière pour la boire, un toit (que nous avons lui aussi consolidé pendant le confinement), un chauffage autonome à base de bois, des possibilités d'échanges avec nos voisins : la pandémie a agi sur nous comme un accélérateur de nos essentiels.

Même à Florian, protagoniste de ma saga de BD *Les Seigneurs de la terre*, je décide de donner une mission dans ce domaine : si son histoire a débuté avec son installation en agriculture biologique, il l'achèvera comme porte-parole des « unités résilientes », en créant une ferme en polyculture-élevage. Florian est mon double : du premier tome au sixième et dernier, il a suivi mes prises de conscience.

La résilience doit être fractale : s'organiser à la plus petite échelle, personnelle ou familiale, comme à la plus grande, politique. Sur ces deux extrêmes, chacun d'entre nous a un rôle à jouer. En vérité, tous deux sont politiques.

Des rêves, des colères et des peurs…

J'ai apprécié de voir, justement, le retour du politique qui, pour la première fois depuis des décennies, a pris des mesures totalement contraires au pouvoir dit « économique ». Bien sûr, il n'avait pas complètement le choix, mais il l'a fait ! Et nous, peuple de râleurs et d'indécrottables rebelles, avons accepté d'être privés de notre sacro-sainte liberté ! Pourquoi ? Pour défendre nos vies et celles des autres. Un intérêt supérieur.

Qu'attendons-nous pour agir dans un cadre encore bien plus important, celui de la protection de la Vie ? Est-il si compliqué d'interdire purement et simplement les véhicules émettant trop de CO_2 ? D'éradiquer les pesticides ? De limiter les voyages les plus polluants et la consommation de viande ? Combien d'avertissements nous faudra-t-il ? Sommes-nous capables de nous réveiller et de nous mobiliser, tant que nous en avons encore le choix ? Faudra-t-il créer une « dictature verte » pour protéger l'humain de sa propre folie ?

Si nous avons respecté des mesures contre nature, je suis persuadé que c'est aussi parce que, chaque jour, nous voyions s'égrener le nombre de morts. Alors, si là est notre source de motivation la plus efficace, qu'attendons-nous pour afficher quotidiennement le nombre de décès dus à la pollution, au réchauffement climatique ou à la famine ? Peut-être serons-nous alors prêts à accepter quelques sacrifices, somme toute mesurés ?

Après avoir entendu notre président dire en substance qu'il prendrait toute la mesure de ce qui s'est passé, puis que les impossibles devaient devenir possibles, j'ai eu envie d'espérer. Je dis bien « envie », dans un mélange de naïveté et de lucidité, comme l'une de nos filles qui un jour nous dit : « J'ai compris que le Père Noël n'existe pas. Mais quand même, la petite souris, elle existe, pas vrai ? »

Nombreuses sont les personnes qui ont fait un « saut de conscience » durant cette période. Plus envie de se tuer au travail, et pour quoi faire d'ailleurs ? Annulation d'emprunts pour l'achat de maisons. De vacances au bout du monde. Goût à la paresse, à l'appréciation du temps qui se déroule. À prendre le petit déjeuner en famille, avant d'attaquer le travail à 9 heures, à distance. Suppression du temps passé dans les bouchons. À faire le plein d'essence. Dans les transports en commun… Dans les grèves !

De fait, les extrêmes se radicalisent, ils ressentent le besoin d'aller très vite, et ils ont raison, car il y a urgence, pour les uns comme pour les autres ! Ainsi, les plus puissants amplifient leur force de résistance au changement, prêts à tout pour retrouver « le monde d'avant », tandis que les écologistes font feu de tout bois afin que « le monde d'après » soit radicalement différent, sentant qu'il y a dans ce moment une fenêtre de tir qui ne se représentera peut-être jamais…

Et la politique, dans tout ça…

Je suis loin d'être macronien, mais pas davantage dans la critique systématique de ceux qui nous gouvernent. Ce ne sont pas eux qui ont créé les queues de 400 mètres, le jour de la réouverture de certains McDo ! Nous avons les dirigeants que nous méritons : et si, comme le virus, ils n'étaient pas le problème, mais le symptôme du problème ? Lequel tient à ce que nous appelons « démocratie » et qui n'en est pourtant qu'un pâle ersatz, du moins sur le plan politique. La démocratie, c'est « le pouvoir du peuple, par le peuple, pour le peuple ». Les Athéniens la connaissaient bien, pour l'avoir créée. Nos révolutionnaires l'ont étudiée, après 1789, et l'ont rejetée car ils ont estimé bien trop dangereux de confier le pouvoir au peuple. Ils ont inventé les élections afin de nous en donner néanmoins l'impression alors que nous n'avons, en réalité, qu'un choix terriblement restreint, entre quelques personnes dont change seulement la couleur de la cravate et qui, de toute manière, feront ce qu'elles veulent une fois élues. Les révolutionnaires ont donc inventé les professionnels de la politique, dont l'enjeu principal est le maintien au pouvoir, plutôt que de remettre au goût du jour le modèle athénien, selon lequel une personne sur deux exerçait un mandat au cours de sa vie et ce, après avoir été tirée au sort, gage de son absence d'intérêt partisan.

Si nous étions aujourd'hui dans une vraie démocratie, alors la protection de l'environnement serait au centre de toute décision politique sans exception, puisque c'est devenu la deuxième préoccupation des Français. Nous en sommes très loin… Et nous laissons faire.

Parfois, je suis tenté par l'idée de m'impliquer politiquement. Non pour exercer le pouvoir, mais pour participer à instaurer une troisième assemblée, tirée au sort et représentative de notre société. Construisant, avec nous, une vision partagée pour un avenir durable, et œuvrant pour le bien commun. Et puis, juste après, je me rétracte. Ce n'est pas pour moi. Et puis, mon écriture n'est-elle pas un acte politique ? Oui, mais… serait-ce une fuite ?

Il est trop tard pour être pessimistes !

Grâce à un article du philosophe Roger-Pol Droit, j'ai récemment appris la différence entre les angoisses et la peur. Si je ressentais les premières il y a deux ans, j'ai eu peur au début de la pandémie. La différence ? Les angoisses sont le fruit de notre imagination, souvent en lien avec nos observations, quand la peur est directement en prise avec un danger réel, ce qui nous pousse à l'action.

Paradoxe apparent, je me suis rendu compte que la situation réelle de la crise était inférieure à mes angoisses. Pour paraphraser Fabrice Luchini, « le pire n'est jamais certain ! ».

J'ai envie de poursuivre sur mon chemin : faire de mon mieux, dans ma « zone de pouvoir ». Surtout ne pas trop regarder si cela aboutit à un résultat, car c'est généralement décourageant et nuit alors à l'action. Comme dans la métaphore du colibri, continuer à jeter des gouttes d'eau sur la forêt en flammes, même si je ne suis pas certain que nous puissions éteindre l'incendie. Et pourquoi pas, à l'occasion, foncer tel un rhinocéros pour retourner les 4x4 qui entretiennent l'incendie à l'aide de puissantes lances de combustible. Car en moi, se côtoient un apprenti sage et un révolutionnaire en herbe, qui estime qu'on a coupé des têtes pour bien moins grave que ce qui se passe de nos jours : la destruction délibérée du Vivant !

Dans tous les cas, il est trop tard pour être pessimiste.

Auteur engagé pour la transition écologique et humaine, Fabien Rodhain aime à « parler aux cœurs pour toucher les consciences », en passant par le récit. Il a écrit une quinzaine d'ouvrages dont notamment la saga de bande dessinée Les Seigneurs de la terre *(Glénat) – en tant que scénariste –, la pièce de théâtre* Des semences et des hommes *ou encore le roman initiatique* L'Homme qui ouvrit les yeux *(Le Souffle d'Or).*

Par ailleurs professionnel de l'intelligence collective, il a créé Codéveloppement Academy, qui forme et supervise des facilitateurs en codéveloppement. Originaire de Metz, il vit dans le val de Drôme, aussi appelé « Biovallée ».

Covid-19 : la maladie de nos systèmes

Par Marion Kaplan

Quand Arnaud m'a appelée, j'ai partagé avec lui ma colère, ma stupéfaction et mon impuissance devant cet événement qui aura des conséquences sur les décennies à venir. Si je puis dire ce que je pense sans être harcelée par les objecteurs de conscience, je vais certainement dire tout haut ce que beaucoup pensent tout bas...

Stupéfaction

La Chine et les Chinois, c'est loin ! Qui pouvait imaginer en observant leur agitation au début du mois de janvier et leur précipitation à fabriquer en une semaine des hôpitaux éphémères, que leur pangolin allait nous contaminer ? On rigolait bien devant notre télévision à les voir fermer les portes aux pestiférés, masquer la population et tester brutalement femmes et enfants à coups de bâtonnets dans le nez ! Puis ce fut le tour des bateaux de croisière pour riches retraités qui se retrouvaient, comme l'Exodus en 1947, rejetés de tous les territoires. Les gens confinés sur ces bateaux mouraient comme des mouches. De quoi effrayer le monde entier...

Rapidement, l'épidémie a migré aux portes de l'Europe, contaminant les Italiens (qui travaillent énormément avec la Chine), les Espagnols, pour arriver jusqu'à nos frontières. Bienvenue en France !

Mensonge

Nos gouvernements ont rapidement parlé de pandémie. Mais ils nous ont immédiatement rassurés en nous rappelant que nous sommes un pays riche et développé, que notre système de santé est prêt à tout. On nous a prédit que ce virus ne serait probablement pas plus méchant qu'une grippe et que les chances étaient tellement infimes qu'il vienne nous affecter jusqu'en France. Il n'était pas question de se mettre en quarantaine ni de fermer les écoles. « Tout va bien, vous pouvez continuer à sortir ! »

Pourquoi porter des masques ? Les plus grands scientifiques, porte-parole des lobbies et du gouvernement, nous disent que c'est inutile. Je sens bien que, dans ce genre d'épisode viral, le masque est l'une des meilleures protections. Les pays asiatiques, on le sait, ont l'expérience de ce genre d'épidémie redoutable et prennent toujours des mesures de précaution telles que ces fameux gestes barrières que nous, Gaulois peu enclins à l'hygiène (il semblerait que 40 % des gens ne se lavent pas les mains après être allés aux toilettes), avons du mal à adopter.

Le reste, nous le connaissons : destruction de centaines de millions de masques, déclaration par notre ministre de la Santé de l'époque, Agnès Buzyn, que l'hydroxychloroquine serait un poison alors qu'elle est utilisée depuis cinquante ans par des centaines de millions de personnes, et tout est à l'avenant.

Manipulation

Malgré le fait que la pandémie était à nos portes et commençait à contaminer une partie de notre population, Emmanuel Macron et son Premier ministre nous encouragent vivement à aller voter aux élections municipales. J'ai fait partie de ces courageux électeurs qui se sont déplacés ce jour-là, en respectant les fameux gestes barrières. Je tenais absolument à ce que mon maire passe. Cela ne lui a pas porté chance. Lui et son équipe municipale n'ont pas recueilli la majorité.

Deux jours après, nous étions confinés.

Silence

Quelle merveille ce silence. J'habite pourtant à la campagne, mais dès les premiers jours de confinement, le silence gagnait en profondeur. Les voitures ont cette faculté de créer un ronronnement qui peut se répercuter à des dizaines de kilomètres à la ronde. Quand tout à coup ce bruit cesse, on entend la nature. Les oiseaux se remettent à chanter, les libellules à prospérer, les sangliers sortent de leur tanière et vont sur les routes, on a même vu des animaux sauvages déambuler dans les villes. Bref, c'est très encourageant de voir qu'en quelques jours, voire quelques semaines, la nature et la vie reprennent de leur vigueur. J'ai apprécié ce moment. Ma fille et mon gendre sont venus se confiner chez nous et nous avons réappris à vivre ensemble.

J'ai toujours intégré une approche préventive autant dans l'alimentation, que dans la santé d'une façon générale et dans mon lieu de vie. Je me doutais qu'il y aurait un krach en 2020. J'avais vendu ma maison l'année précédente afin de bien m'organiser en cas de coup dur. J'ai donné un peu d'argent à mes enfants pour leur permettre de s'acheter eux-mêmes leur maison. Je me suis installé un lieu de vie confortable, peu énergivore, avec du terrain pour cultiver quelques légumes. J'ai aménagé un poulailler pour les œufs et l'élimination des déchets. Les poules, ça mange tout !

Je ne pensais pas que cet effondrement financier serait provoqué par un virus. Quel astrologue ou médium l'avait annoncé ? Chacun sentait le pic de cette crise se profiler, mais personne n'imaginait la forme qu'elle prendrait !

C'est magnifique ! Comment un virus, plus petit qu'une bactérie, peut réduire le monde au silence et stopper la pollution et les émissions de gaz à effet de serre ? Ce que les COP21, 22, 23 et 24 n'ont pu réaliser, ce micro-organisme l'a fait. Comme dirait Jean-Marc Jancovici : « Si nous ne voulons pas subir ces fameux 2 °C d'augmentation de température, qui correspondrait à 10 °C sur la planète, il faudrait tous les ans deux mois de confinement dans le monde entier. » Alors, peut-être y arriverions-nous ? Qui l'accepterait ? Pourtant, l'impact de ce virus est bien moindre par rapport au risque climatique. L'ONU prédit 280 millions de réfugiés climatiques d'ici 2050.

Colère

À titre personnel, ce confinement ne m'a pas vraiment perturbée. Avec mon compagnon, nous sortons peu et avons une vie intérieure assez riche. Même si mes conférences ont été annulées, j'ai profité d'Internet et des réseaux sociaux pour m'exprimer et communiquer avec qui voulait bien m'entendre.

Ce qui m'a mise en colère, c'est cette pédagogie infantilisante utilisée toute la durée de la crise par un gouvernement tentant de nous soumettre inconditionnellement. Cent trente-cinq euros d'amende pour aller marcher au-delà d'un kilomètre autour de chez soi ! Comment a-t-on pu en arriver là ? Nous, le peuple des Gilets jaunes, nous avons obéi comme des moutons !

Je ne vois pas en quoi cela pouvait propager le virus de laisser des adultes responsables pratiquer leur sport. Il est facile de pratiquer le vélo, la natation dans la mer, les promenades en forêt en étant prudent.

Est-ce plus hygiénique ou prudent d'autoriser autant de monde dans des supermarchés ? De nombreux commerçants de quartier ont dû fermer au profit des grandes surfaces soumises aux lobbies. Même la culture de plein air était interdite. Quel est l'intérêt sanitaire d'interdire les marches solitaires en montagne, en forêt, alors que nous avons justement besoin de prendre soin de notre appareil respiratoire ? Toutes les manifestations ont été annulées, du Tour de France aux concerts en extérieur, en passant par les matchs en plein air. Dans le même temps étaient confinés ensemble, dans de petits appartements, des porteurs sains et des personnes atteintes du symptôme que les hôpitaux ne pouvaient accueillir. Confiner ensemble malades et porteurs sains sans les dépister préalablement, était-ce l'idée du siècle ?

Quelle était l'intention de notre gouvernement ? Nous empêcher de nous réunir en connaissant notre goût et nos aspirations à la révolte ? De quoi ont-ils peur ?

Pourquoi, suite au déconfinement, ne pas autoriser l'ouverture des bars, des restaurants et des hôtels ?

Décidément, je ne comprends pas. Par manque de cohérence et de clarté dans les consignes, nous conservons toujours la désagréable impression qu'on nous cache quelque chose.

À l'heure du bilan, nous observons que les gouvernements qui ont laissé les citoyens pratiquer des sports en plein air, et qui n'ont pas confiné d'une façon drastique, ont de meilleurs résultats que nous en termes de mortalité et de maladie.

Nos mitochondries – qui sont les centrales énergétiques dans chacune de nos cellules – peuvent être des milliers par cellule selon les organes. Elles ont un besoin vital d'exercice physique pour se régénérer. Combien devrons-nous regretter de morts, suite à cet épisode ? Combien de cas d'obésité, de diabète, de maladies auto-immunes, de dépressions, d'AVC, de maladies cardio-vasculaires ?

Cette période a été marquée par les travaux et le point de vue du fameux traitement du professeur Raoult. J'ai été très en colère de voir des journalistes arrogants et ignares traîner dans la boue ce grand professeur reconnu d'une façon mondiale et qui justifie d'une expérience de plus de quarante ans en infectiologie. Pour qui se prennent-ils ?

J'ai honte pour eux ! J'ai d'ailleurs boycotté BFM TV. Les interviews manquaient tant de discernement, d'écoute de l'autre, de sagesse. J'ai suivi de loin les médias afin de me faire une idée. Puis, tout comme vous je pense, j'ai navigué sur YouTube et me suis abonnée à des lanceurs d'alerte qui prenaient le temps d'étudier en détail toutes les publications, les déclarations… de chercher les contradictions, d'argumenter. C'est devenu chronophage.

Heureusement, dans cette période, l'humour de plusieurs esprits fins nous a rappelé que la profondeur n'est pas la gravité et que la superficialité n'est pas la légèreté. Cette période a été tellement anxiogène, tant notre gouvernement nous a privés de toute possibilité de plaisir autre que l'alimentation, l'humour alors est bienvenu et permet de supporter les messages inquiétants de tant de lanceurs d'alertes économiques, scientifiques. Nombre de médecins, d'infirmières rebelles ont dénoncé les dessous d'une dérive où la tête est coupée de son corps, où l'exécutif est coupé du terrain. Comment alors rester confiant ?

Brouillard

« Nous sommes en guerre » nous a annoncé Emmanuel Macron. Il aurait pu dire, « Nous sommes dans un brouillard de guerre ! » Écoutait-il réellement les scientifiques, les médecins, les économistes avant de prendre une décision ? Les écoutait-il réellement avec toute l'attention que mérite cette situation ? Il est certaines circonstances où l'intérêt des lobbies, de l'alimentation, de la pétrochimie, de la pharmacie, de la chasse, sont si puissants qu'on peut s'interroger sur ce que représente encore le libre arbitre. Cette crise en aura été l'illustration.

La course aux vaccins n'est-elle pas pathétique ? Comment accepter un tel vaccin, quand on sait qu'un virus ARN est en mutation constante et que, d'une année sur l'autre, il n'aura pas la même configuration ? Je fais le vœu que chacun d'entre nous saura faire preuve de discernement, se renseigner autant sur l'intérêt d'un vaccin que sur ses limites et ses effets secondaires.

Nous avons besoin de plusieurs années pour connaître avec précision les réelles répercussions à long terme d'une intrusion immunitaire dans une biologie aussi complexe. Qui peut connaître les conséquences d'un vaccin sur un organisme qui a un polymorphisme génétique, mais également une psychologie, un mode de vie ? Personne.

Chaque chercheur, lanceur d'alerte ou citoyen curieux est vite considéré comme complotiste quand il cherche à établir les liens, à décrypter les conflits d'intérêts, à s'intéresser aux ingrédients associés aux vaccins : aluminium, mercure, formaldéhyde, hydroxyde de sodium, phosphate de sodium monohydraté, sorbitol, borate de sodium et autre résidus chimiques. Pour quels effets secondaires ?

L'Institut Pasteur a été vendu à Sanofi. Il est impossible aujourd'hui de trouver un vaccin sans aluminium. J'ai cherché et je n'ai pas trouvé. Notre médecine est devenue une médecine industrielle. *One size fits all* ! (Un même remède pour chacun). Tel est leur adage qui ne permet pas d'intégrer les différences de morphologie, de constitution et de résistance de chacun !

Réveillons-nous et demandons à nos politiques d'obliger les firmes pharmaceutiques à fabriquer des vaccins sans métaux lourds et sans intrants chimiques !

Alimentation

En trois mois, depuis le début du confinement et après cet épisode, je n'ai entendu personne parler d'alimentation. Comment peut-on occulter ce phénomène quand on sait que l'alimentation devrait être notre première médecine ? En effet, on sait que ce virus touche en priorité les individus déjà malades, les obèses, les diabétiques, les personnes âgées, fragiles. Certains médecins sont morts, mais à mon avis d'épuisement et de malnutrition. En effet, quel personnel hospitalier dispose du temps le midi de se cuisiner de petits légumes vapeur avec un bon poisson arrosé d'une huile d'olive pressée à froid. L'usage est plutôt au sandwich à la va-vite, aux pizzas ou autres aliments délétères pour la santé, promoteurs d'insulinorésistance, d'inflammation, et donc d'immunodépression.

Bien qu'ils soient nécessaires, les gestes barrières ne sont pas tout. Nous aurions apprécié de la part du gouvernement plus de pédagogie sur l'importance d'une alimentation saine, naturelle, variée, locale, de saison, et de préférence biologique. Mais cela n'est pas possible, car notre président a autorisé l'utilisation du glyphosate jusqu'en 2022. Les intérêts financiers l'emportent sur tant d'autres.

Il est tellement important, aujourd'hui, de privilégier les circuits courts, idéalement bio, mais au moins en agriculture raisonnée ; d'écouter les médecins formés à la micronutrition, les bons naturopathes. J'encourage chacun à se documenter, à consommer des compléments alimentaires nécessaires à un bon système immunitaire : la vitamine D3, les oméga 3, le zinc, le bisglycinate de magnésium avec de la vitamine B6, la vitamine C ainsi que la propolis, et la spiruline afin de mieux protéger votre système immunitaire.

Je ne crois pas qu'il y aura une deuxième vague, mais quel que soit l'avenir, renforcez vos défenses naturelles, chouchoutez vos intestins et complémentez-vous afin de passer les prochains épisodes endémiques sans encombre !

Spiritualité

Je suis adepte du fait que « nos pensées créent le monde ». J'ai suivi deux maîtres à penser : Krishnamurti et Yvan Amar. Dans les périodes les plus sombres de ma vie, ils m'ont permis de voir plus loin et de continuer à créer le monde dans lequel je voulais vivre. Pendant cet épisode, garder cette ligne de conduite a été plus compliqué.

C'est pourquoi, depuis quelques semaines, je n'écoute plus la télévision et me suis recentrée sur ma réalité de l'instant. Finalement, tout va bien. Alors, ne perdons pas courage et voyons plus loin !

Portez-vous bien !

Marion Kaplan, bio-nutritionniste, naturopathe diplômée (de l'école CFPPA de Hyères) et élève du docteur Kousmine, est l'auteure d'une vingtaine d'ouvrages sur le thème de l'alimentation et de la santé. En 1985, elle crée le Vitaliseur de Marion. Depuis plus de trente ans, elle explore nos paysages alimentaires. Du végétalisme à la méthode Kousmine, aucun régime ne lui a échappé. Elle sera doublement honorée pour ses travaux par la Société d'encouragement au Progrès : médaille de bronze remise par le Pr Leprince-Ringuet (1989), médaille d'argent remise par Yves Coppens (2001). Elle prône aujourd'hui l'alimentation dite « Paléo », sans gluten ni laitages. Elle réalise de nombreuses conférences sur les thèmes de l'alimentation et du bien-être.

Fractales ?

Par Michel Odoul

Le printemps 2020 restera marqué dans les mémoires. La plupart d'entre nous ont dû traverser une crise sans précédent, non pas dans sa gravité sanitaire, question qui reste à discuter et devra l'être, mais dans son impact sur l'ensemble de nos quotidiens. Que nous est-il arrivé ? Qu'est-ce qui a bien pu faire que nous nous sentions aussi malmenés, comme tout juste sortis d'un tambour de machine à laver ? Après un état de sidération dont l'importance s'est traduite par ce silence, à tous points de vue, qui a frappé notre pays, l'onde de choc qui s'est ensuivie a produit des dégâts profonds. Personne ne sortira indemne de ce champ de ruines dans lequel nous nous réveillons aujourd'hui, qu'il soit économique, social, familial, intellectuel ou émotionnel.

Les focales d'analyse et de réaction peuvent être multiples et les angles d'éclairage très distincts. Pour ce qui me concerne, je crois dans le principe même de vie et de sa capacité de résilience. Nos corps savent cela et sont capables de cicatriser, c'est-à-dire de refermer la plaie. La blessure a existé et la trace reste mais elle ne s'infecte plus. Nos esprits également, quitte à passer par des étapes d'amnésie ou de déni. Mais eux aussi referment la plaie. Cela s'appelle « accepter », voire « pardonner ». Le corps a besoin d'un baume, l'esprit a besoin de sens. Nous saurons dépasser cette crise. Cela ne sera pas toujours simple, mais cela sera.

Ce qui est particulièrement intéressant, dans la situation actuelle, c'est de s'appuyer sur ce qui se passe dans nos corps, qui sont une véritable parabole de ce qui se passe dans notre société. Comment comprendre cela ? Nous pouvons nous appuyer sur une logique de type fractale. Si l'on voulait simplifier la notion de fractale, on pourrait dire que c'est une logique qui considère que l'infiniment petit est constitué « à l'identique » de l'infiniment grand. Au-delà de cette référence développée en Occident par Benoît Mandelbrot dans les années soixante-dix, nous sommes en présence d'un concept oriental très ancien, celui de la résonance et d'une logique de similitude entre le macrocosme (infiniment grand) et le microcosme (infiniment petit). Chacun est construit et fonctionne selon des règles et des structures similaires. Il est un miroir, une rémanence, un reflet de l'autre, tant dans sa forme apparente que dans ses mécanismes les plus secrets. C'est ce qui a présidé à l'élaboration des grands principes de la médecine traditionnelle chinoise (M.T.C.), dans laquelle, par exemple, les organismes humains sont des microcosmes de l'Univers.

Dans cette vision du monde, l'ensemble des éléments constitutifs de notre univers sont intriqués et similaires. Les vaisseaux sanguins sont des fleuves et des rivières dans lesquels coule un fluide vital qui irrigue tout le corps, comme l'eau, qui irrigue toute la nature. Chaque organe est associé à une fonction qui le représente. Le cœur est l'empereur (parce qu'il gère le cerveau), l'estomac est l'intendant parce qu'il met les nutriments à disposition (à même d'être assimilés), le poumon est le ministre des Armées (parce qu'il défend et protège, notamment par la peau), le gros intestin est l'éboueur, etc.

Tout comme un pays ou une nation, chaque organisme a besoin de définir des frontières (la peau), d'être défendu (système immunitaire), d'une identité (savoir qui et quoi défendre), d'être nourri (système digestif), d'être géré, dirigé et organisé (cerveau), etc.

Je vais m'appuyer sur cette logique « analogique » pour proposer un éclairage particulier de cette crise qui nous a frappés. Cela va nous permettre de mettre en perspective ce qui nous arrive et d'en tirer, je l'espère, une compréhension et une perspective proactives. Pour ce faire, revenons un peu sur quelques données.

Ce que nous « savons » de cette crise

Ce que nous savons, *a priori*, c'est que nous sommes dans une pandémie qui affecte principalement les personnes âgées (plus de 70 % des décès concernent des personnes de plus de 70 ans selon les chiffres officiels) et présentant des facteurs de risques, principalement liés à des pathologies graves, chroniques, ou à l'obésité.

La deuxième donnée non négligeable est que le virus, considéré comme responsable n'affecte pas les enfants (de moins de 12 ans) voire, chose étonnante, que les enfants porteurs du virus ne contamineraient, selon les pédiatres, ni les autres enfants ni les adultes.

La troisième donnée est que la symptomatologie constatée est principalement respiratoire (stress respiratoire, hypoxémie), circulatoire (ischémie), inflammatoire et sanguine (thrombose). Selon l'âge du patient ou son terrain (pathologies), les symptômes varient. Chez les personnes âgées de plus de 75 ans, les symptômes sont principalement pulmonaires. Chez les adultes matures de 35 à 65 ans dont l'organisme est engorgé, les symptômes sont plutôt cardio-vasculaires (thromboses, stress cardiaque) et chez les jeunes adultes de 20 à 35 ans, les symptômes sont plutôt circulatoires (ischémie, acrocyanose).

Le premier constat qui peut être fait, c'est que, en réalité, le virus ne semble pas s'attaquer à un organe plus qu'à un autre, mais plutôt à l'organe fragilisé chez le patient. C'est une notion majeure en M.T.C. Ce qui importe, c'est « l'hôte » (le malade) et non « l'invité » (l'agent pathogène). C'est le concept fondamental, applicable à toute pathologie, qui s'appelle « l'hôte et l'invité ». Quelle précision dans une simplicité magnifique, puisque tout est ainsi dit et peut être compris par tous.

Le deuxième constat est que le virus s'attaque au vecteur même de la vie, c'est-à-dire au sang. Il ne s'attaque pas à des organes mais à une fonction de vie (nutrition, vitalisation, épuration, information). Il ne s'agit donc pas d'une agression envers un organe cible, mais plus brutalement d'une agression envers la vie elle-même, envers ce qui la véhicule, la nourrit, l'informe, l'entretient, la répare, l'anime. Le virus commet un véritable attentat terroriste en nous, qui génère une réponse violente. L'hypothèse posée par de nombreux médecins est d'ailleurs celle d'un « choc cytokinique » (également appelé « orage cytokinique »). Pour faire simple, il s'agit d'une violente réaction immunitaire face à un agresseur dont l'importance est totalement surévaluée. Les défenseurs instinctifs du corps (lymphocytes T, macrophages) libèrent une quantité phénoménale et disproportionnée de cytokine, une protéine participant à la défense du corps. Cela se traduit par une très forte inflammation pouvant avoir des conséquences graves voire létales. Fièvre, inflammation, thrombose, ischémie, stress respiratoire, tous ces symptômes, consécutifs à un choc cytokinique, sont les mêmes que ceux constatés avec le virus actuel, comme ce fut observé pour le SRAS, la grippe H5N1, etc. Le virus provoque en fait une sur-réaction, totalement disproportionnée à sa dangerosité, pouvant être fatale, et ce d'autant plus que l'organisme touché est fragilisé, vieillissant ou saturé, engorgé. À titre anecdotique, il est intéressant de signaler que le choc cytokinique fut étudié au début des années quatre-vingt-dix, suite à des problèmes de réactions immunitaires consécutives à des greffes. On a appelé cela « la maladie du greffon contre l'hôte »… Beau clin d'œil envers la M.T.C., non ?

Il est maintenant important de savoir que, selon les principes de la M.T.C, ces différentes symptomatologies s'expriment dans un ordre spécifique qui s'appelle « le cycle de révolte ». Cet enchaînement est très particulier car c'est en fait celui de la mort, selon cette médecine. En effet, selon elle, ce qui permet à la vie d'exister et de se développer de façon équilibrée, c'est la capacité de « contrôle interne » de l'organisme. Ce contrôle est celui qui régule les fonctions de vie en nous. C'est par exemple, physiologiquement parlant, le rôle permanent du système immunitaire. Son premier rôle, bien avant la défense face à d'éventuelles agressions venant de l'extérieur, est la régulation de l'interne, tant sur le plan physique que psychique. C'est lui qui détruit, par exemple, toutes les cellules qui « dérapent » en nous (cancer). C'est lui qui régule toutes les pensées ou émotions toxiques en nous (dépression). Il est le gardien du temple.

Une mutinerie intérieure

Le système de contrôle interne est essentiel car il préside à la vie (dynamisme) et à son équilibre (système immunitaire). Or, c'est là que le virus attaque. C'est lui qu'il tente de faire voler en éclat en le violant, en le violentant, en le conduisant à la sur-réaction que j'ai évoquée précédemment. Et cette sur-réaction devient ce que l'on appelle une « révolte » en M.T.C. Le système de contrôle « bugge et s'inverse ». Tout explose, comme dans une mutinerie… Le ministre des Armées (le poumon) sur-réagit, contraint, étouffe le corps (la société) qu'il prétend défendre. Ses armées (lymphocytes T et macrophages) ne protègent plus, mais empêchent la vie de circuler par contrôle excessif (spasmes, thromboses, etc.).

Le « contrôle » qui se délite et se retourne contre celui qu'il est censé protéger, dans les traditions extrême-orientales, c'est le cycle de la mort ! Celui dans lequel, après le feu dévastateur, il ne reste que des cendres. Il n'y a plus de vie, plus de souffle, plus d'aspiration. Tout ne peut que retourner à la terre, au terreau originel, pour tenter de devenir un engrais futur.

Or tout ceci ne nous parle que de la crise actuelle. Comme nombre d'entre vous l'ont perçu, plus ou moins clairement, quelque chose est mort lors de cette crise. Il ne reste plus que des cendres de ce que nous avons été, individuellement et collectivement. C'est l'âme de chacun qui a été blessée, salie ou trahie. Ce que nous ferons de cela sera déterminant. Car les cendres peuvent être un engrais merveilleux, à la condition qu'on les accueille, qu'on les accepte et qu'on leur donne le temps de faire leur office. Elles nettoient, grattent, purifient, expurgent quand on s'en sert comme il convient. On les utilise d'ailleurs encore parfois quand on veut, par exemple, nettoyer un vieux linge ou un vieil objet ou se laver les dents.

Cet accueil ne sera possible que dans un corps et une âme cicatrisés. C'est un chantier de restauration de cathédrale, aussi vaste que celui de Notre-Dame. La blessure de mort a généré un élan de vie. Répondons présent. Nous en avons besoin pour nous-mêmes, pour nos proches, pour ceux qui dépendent de nous et pour tous ceux qui auront besoin de nous.

Un incroyable clin d'œil

L'incroyable clin d'œil que nous adresse le virus, c'est ce qui se passe avec les enfants de moins de 10-12 ans ! Aucun biomécaniste médical ne donne de raison au fait qu'ils ne sont ni contaminés, ni contagieux ! Et même si la communication de service cherche des cas de par le monde pour dire le contraire, c'est un fait pur et simple. Alors, comment et pourquoi est-ce possible ?

On peut poser une réflexion sur cette question. Quelle différence existe-t-il entre un enfant de moins de 10-12 ans et un adulte ? Une seule : la maturité sexuelle ! Qu'est-ce à dire ? Que conclure ? Serait-ce parce que les enfants sont encore dans un rapport « sincère » à la vie et qu'ils l'accueillent comme telle ? Serait-ce que la maturité sexuelle, qui crée le « désir pulsion », rend l'être « intéressé » et jouisseur, alors que l'enfant semble sans intention de posséder l'autre ? Tout au plus tente-t-il de le séduire. Mais c'est par besoin d'exister et d'être reconnu et non par besoin de posséder et de se rassurer. L'enfant « donne » alors que bien souvent l'adulte « investit ». Certains textes de notre tradition nous disent « heureux les simples d'esprit… ». Ce sont sans doute nos « âmes d'enfants » qui peuvent entendre et comprendre cela.

Toutes ces idées sont des hypothèses, des questions, des invitations personnelles à réfléchir. Mais nous en avons tant besoin, pour renaître un peu indemnes de tout cela.

Quel sens donner à cette crise ?

Cette vaste question peut être éclairée, par principe d'analogie, par ce qui s'est passé dans nos corps. Nous avons vu précédemment la mécanique physiologique de cette crise. Alors revenons maintenant au principe « macrocosme/microcosme ». Nos corps sont des projections de ce que sont les sociétés dans lesquelles nous vivons. Et réciproquement.

Et là, le constat est choquant. Les sociétés les plus frappées ont été les sociétés « vieillissantes », engorgées et tétanisées par l'idée de la mort. Sur-nourries, boulimiques et obèses de consommation, habitées par des citoyens anesthésiés et drogués de matraquages médiatiques, excitées par les fréquentes réactions hystériques émotionnelles de tel ou tel groupe d'individus, rongées par l'incohérence informationnelle et les injonctions incessantes de toutes les castes intellectuelles, etc. : le tableau est terrible. Nous étions totalement arrivés dans cette phase évoquée par saint Augustin dans son *Sermon sur la chute de Rome*. La gangrène signait l'échéance tant redoutée.

C'est ici que le virus a frappé. Il n'avait pas besoin d'être aussi dangereux que cela. Une pichenette peut faire chuter un colosse s'il a des pieds d'argile. Et c'est ce qui s'est passé. La vie nous avait pourtant alertés me semble-t-il. Nombre de signes avant-coureurs étaient pourtant apparus que nous n'avons pas voulu voir (tension économique = tension corporelle, colère sociale = colère individuelle profonde, attentats = violence individuelle, etc.).

Alors la pandémie a été mondiale, signature ô combien moqueuse à propos de la mondialisation omnipotente de nos économies. La globalisation et ses effets de masse ont produit leurs effets, par un effondrement de masse interne. La propagation ne pouvait qu'être mondiale. Le virus a réalisé un véritable attentat terroriste sur nos organismes engorgés, comme dans nos sociétés, le terrorisme politique l'a fait. Il a su lui aussi s'immiscer dans nos failles et se servir de nos peurs. Nos modes de vie nous ont rendus lourds, fragiles et peureux. Nous ne savions plus respirer. Ils ont étouffé nos âmes et nous ont fait oublier que nous sommes des « enfants du Ciel », avant d'être ceux de la Terre.

La réaction sociétale et institutionnelle à la crise fut exactement similaire à celle de nos corps. En croyant protéger les corps, on a bafoué les êtres, on les a avilis et rendus honteux d'eux-mêmes. En fabriquant la peur, on a induit la soumission. Terrorisés par des hypothèses gratuitement alarmistes et un flot informationnel anxiogène, on a généré un véritable « choc cytokinique » sociétal. En provoquant la chute des économies, on a induit la dépendance. Cette réaction a été d'une violence inouïe, vis-à-vis des individus, des citoyens, et ses effets délétères seront les mêmes que ceux d'un choc cytokinique. Ils seront sans doute fatals pour certains et les blessures seront profondes pour tous.

C'est ici que vient s'inscrire cet éclairage particulier que j'évoque dans mes formations et dans certains de mes ouvrages. Il s'agit de la « balance sécurité/liberté ». De la même façon que, selon la M.T.C., nous oscillons en permanence entre le Yin et le Yang, nous oscillons également entre la sécurité et la liberté. Et la M.T.C. de rajouter que le positionnement entre les deux pôles Yin/Yang n'est ni une fatalité, ni un hasard, mais un choix consécutif à notre positionnement de vie (comportements, modes alimentaires, émotions, pensées, etc.). Et bien, il en est exactement de même pour les pôles liberté/sécurité. Entre ces deux pôles extrêmes, se situe le curseur de notre choix de vie.

Parmi les grandes tensions qui perturbent l'humanité, l'équilibre entre le besoin de liberté et le besoin de sécurité est fondamental. Il participe en effet au ressenti de paix, de juste place et de potentiel d'épanouissement. Or il est important de comprendre, et de faire comprendre à chacun, que cet équilibre est un choix. Ce n'est en aucun cas une fatalité. Ce que l'on peut constater la plupart du temps, c'est que les individus s'installent petit à petit dans leur vie, dans un équilibre entre les deux dont ils n'ont pas conscience. Le quotidien, les habitudes, la facilité, la recherche du confort de l'instant, les injonctions de nos sociétés, la peur de la mort, réelle ou symbolique, etc. sont autant de raisons à cela. Toujours est-il que chaque déplacement de notre curseur intérieur vers la sécurité l'éloigne inexorablement du pôle « liberté ». Chaque déplacement de ce même curseur vers la liberté, l'éloigne inexorablement de la sécurité. Le choix de chaque position du curseur implique l'acceptation du coût qu'il signifie.

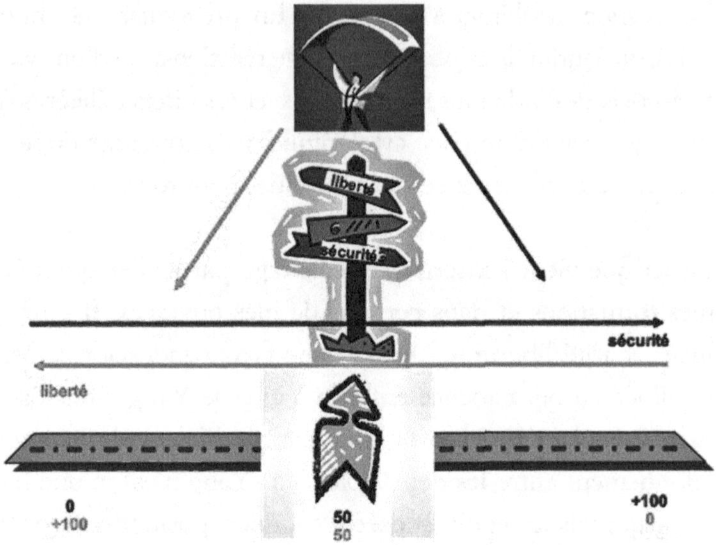

Où vais-je décider de me poser, de me placer ? Plus je voudrai de sécurité, plus je devrai renoncer à la liberté. Plus je voudrai de liberté, plus je devrai renoncer à la sécurité. Quel est mon choix de vie ? Quelles sont mes contraintes ? Quels sont les droits que je me donne ? Quelles sont mes capacités à assumer mes choix ?

La difficulté réside dans le fait que ce positionnement n'est pas neutre ou simplement superficiel. Il rentre en effet en résonance avec des archétypes profonds, à la fois « historiques » et biologiques. Sur le plan « historique », nous sommes en présence du grand conflit qui se perpétue depuis l'aube des temps entre les nomades et les sédentaires. Sur le plan biologique, c'est le conflit « cerveau droit/cerveau gauche ».

La seule façon de « maîtriser » ce positionnement de curseur, c'est la pleine conscience à ce qui est et ce qui nous meut. Et cette pleine conscience est un travail, une exigence, un devoir à soi et aux autres. La période que nous venons de traverser l'a mise à mal. Mais le temps devenu disponible et le retour à soi imposé ont été une opportunité sans pareille de la retrouver.

Quelles issues ?

Alors que faire maintenant ? Comment sortir de ce tsunami et « replacer le curseur » ? Je crois sincèrement qu'il n'y a pas d'autre issue que celle de la résilience. Ce n'est pas simple, mais c'est inéluctable, au risque sinon de se faire emporter par des tumeurs mémorielles. Mais comment faire ? Comment transformer nos vécus pour les rendre si ce n'est acceptable, *a minima* assimilables ?

C'est un défi, c'est un choix, c'est une décision. Rien ne se fera sans nous. Il nous faudra accepter de regarder en quoi nous avons plus ou moins participé à tout cela. Il va nous falloir accepter la part qui est la nôtre dans ce qui se passe. Il va nous falloir mettre en perspective ce que cette crise, et en particulier le confinement, nous ont permis de faire et de vivre.

Ce n'est sans doute pas simple, et ce d'autant moins si la situation nous a mis en état de survie économique. Mais c'est nécessaire. Cette période nous a renvoyés face à nous-mêmes. Elle a brutalement stoppé la « course à l'échalote » dans laquelle beaucoup d'entre nous étaient. Elle a stoppé les burn-out en préparation, mis en lumière les équilibres familiaux et de couple, permis de redécouvrir les siens, donné le temps de la réflexion et des questions essentielles, montré parfois le pire, mais aussi bien plus souvent le meilleur de chacun, etc.

Cette crise a stoppé l'hyperactivité générale. Les rythmes de vie se sont, *de facto* calmés, ralentis. Les pans de silence potentiels, s'ils n'ont pas été occupés par les chaînes d'info en continu, ont laissé de la place à quelque chose, au plus profond de nous.

Cette mise en perspective est essentielle au potentiel de résilience, parce que c'est elle qui nous permet de redresser la tête pour regarder devant. C'est elle qui donne la force de cicatriser et de reconstruire, en tirant les leçons de ce qui a été. C'est elle qui fera de nous des « héros qui ont su dépasser l'épreuve ».

Alors oui, il nous faut accepter de cicatriser ! Ne nous trompons pas, cicatriser n'est pas oublier, c'est refermer la plaie. Mais la trace reste et elle peut devenir un fait d'armes. J'ai l'habitude de dire à certains patients, que « ce qui magnifie la blessure, c'est la façon de la réparer ».

Pour cela, un art, venu du Japon peut nous aider. Il s'agit du Kintsugi (金継ぎ), qui signifie « jointure en or ». Cet art est particulièrement étonnant pour nous. Il va au-delà de ce fameux « repentir » (correction ou modification) que l'on connaît en peinture. Le Kintsugi est l'art de réparer les céramiques précieuses qui ont été fendues, voire brisées. Au Japon, en effet, lorsqu'une céramique de valeur est brisée, au lieu de dissimuler la cassure en tentant de la restaurer, on la met en avant. Tout l'art de l'artisan est de réparer la brisure en la mettant en valeur, comme une cicatrice de héros blessé au combat. On montre combien la céramique en question a affronté le temps ou les différents lieux et propriétaires. Pour cela, on répare la faille avec de l'argile, magnifiée par de la feuille d'or. Ces petites fêlures dentelées, toutes les petites brisures aléatoires, deviennent ainsi des fragments d'or dont l'esthétique est incomparable. Ce qui a été un événement accidentel, voire une catastrophe pour la céramique d'origine, en devient une valorisation, au point même que pour certaines d'entre elles, cela en a augmenté la valeur marchande.

La cicatrice d'or de la crise que nous venons de traverser, c'est la remise de l'être au centre de notre perspective de vie. Nous ne le percevons peut-être pas encore, mais c'est inéluctable. Rien ne pourra nous ramener en arrière. De nombreux comportements reviendront peut-être et sans doute, mais il sera difficile d'être dupes. Le caractère vain de beaucoup de nos attitudes ne pourra plus être dénié. La verticalité va réapparaître dans nos vies. C'est en tous cas ce que je souhaite et pense.

Michel Odoul est le fondateur de l'Institut français de shiatsu, praticien et formateur de cette discipline depuis 1986. Conférencier, il est aussi l'auteur de plusieurs ouvrages qui font référence dans le domaine des « médecines douces », dont le best-seller Dis-moi où tu as mal, je te dirai pourquoi *et récemment,* Dis-moi comment aller chaque jour de mieux en mieux. *Il a développé le concept de « Psycho-énergétique », dans lequel il reconstitue les liens corps/esprit. Il répond ainsi à la question du sens et de la symbolique des maux du corps qui deviennent des mots de l'âme. Pour en savoir plus, voir : shiatsu-institut.fr et sa page Facebook.*

Quelle est la nature profonde de cette crise, que représente-t-elle pour vous ? Qu'aurons-nous appris de ce confinement ?

Par Philippe Guillemant

L'influence du futur

Je vais essayer de dégager le sens profond de la crise du coronavirus et ce qu'elle peut nous apprendre, en tant que physicien, auteur d'une théorie du temps selon laquelle notre futur est déjà réalisé mais pas de façon définitive. Selon cette thèse, un changement d'orientation de notre futur collectif peut effectivement être responsable d'un événement extraordinaire et tout à fait imprévu.

La « présence du futur » est une théorie tout à fait sérieuse et même dominante en physique : c'est la théorie de l'univers bloc, qui fait néanmoins encore débat car elle empêche toute possibilité au futur de changer. Il y a ainsi deux grands points de vue sur cette question, selon que l'on croit ou non au libre arbitre :

– le futur est figé et nous avons donc un destin impossible à modifier, comme le propose, par exemple, le physicien Thibault Damour ;

– le futur est déjà là mais assez peu configuré pour qu'on puisse encore l'investir avec des idées, des projets, des représentations, des désirs, comme l'envisage le physicien Étienne Klein.

Remarquons que ces deux propositions ne sont pas nécessairement incompatibles, si l'on considère, par exemple, le cas où le futur change, puis reste ensuite figé pendant un certain temps. Il faut bien, en conséquence, que le nouveau futur nous influence pour nous attirer vers lui et il est alors probable que l'ancien futur résiste. Il existe alors un moment de bascule, mais une telle bascule entre ancien et nouveau futur n'est possible que si le passé ne nous oblige plus à sans cesse le répéter.

Or, justement, aujourd'hui, avec cette incroyable crise où tout s'arrête, l'influence du passé a été arrêtée net, laissant donc place aux influences du futur. Or, de telles influences se reconnaissent par leurs signatures que sont les synchronicités, ces coïncidences pleines de sens qui, dans les moments de grand changement, arrivent souvent en cascade.

Et, effectivement, durant cette crise, on observe une avalanche de coïncidences étranges qui laissent croire à une crise provoquée, faisant ainsi exploser les théories du complot.

La plus importante est l'apparition du virus en octobre 2019, juste après l'effondrement financier qui a démarré en septembre 2019 aux États-Unis et a été colmaté ensuite par les plus grandes planches à billets (*Quantitative Easing*) de l'histoire humaine, dont la cause officielle s'est ainsi inversée en devenant le virus. Une deuxième coïncidence remarquable est l'apparition du virus dans la ville de Wuhan, le seul laboratoire de sécurité maximale P4 dont est équipée la Chine, spécialisé dans l'étude des coronavirus et fruit d'une collaboration avec la France ! D'autres coïncidences troublantes mêlent justement la France à cette affaire, comme la décision de placer le principal médicament utilisé contre le coronavirus (la chloroquine) sous prescription médicale en janvier 2020, alors qu'il était précédemment en vente libre. Et comme par hasard, ce médicament fait ensuite l'objet de la retentissante affaire Raoult, donnant l'impression que le gouvernement a voulu en rejeter l'usage pour imposer une autre solution médicamenteuse plus rentable. Cette autre solution n'étant toutefois même pas encore à l'étude alors qu'on était en pleine urgence, cela a décrédibilisé le conseil scientifique de l'État en mettant en évidence un conflit d'intérêts de Big Pharma. Cinquième coïncidence : on apprend qu'un projet de loi avait été déposé au Sénat début décembre pour autoriser les mesures de confinement à domicile dans le cadre d'un risque épidémique ! Lien invoqué avec le coronavirus ? Officiellement aucun, la France n'étant à ce moment-là pas au courant de son existence et encore moins d'une menace de pandémie.

Doit-on en déduire que tout cela cache réellement un « complot » dans lequel la France aurait joué un rôle, actif ou passif ? Certes, certaines de ces coïncidences s'expliquent mieux par des causes passées, comme le conflit d'intérêts, mais pas toutes. Car, si tel était le cas et qu'un vaste complot était à dénoncer, la moindre des choses aurait été pour les responsables d'éviter de prendre les risques de suspicion liés à toutes ces coïncidences, ne serait-ce que s'y prendre assez tôt pour légiférer sur la menace ou éviter de faire répandre le virus dans la ville même du labo P4. Il semble donc bien plus rationnel d'envisager une arrivée accidentelle du virus, qu'il ait été fabriqué dans le cadre d'une recherche médicale ou qu'il ait transité par un pangolin après avoir été issu d'une chauve-souris.

S'il n'est donc pas possible d'éviter un fait du « hasard », il n'en subsiste pas moins que sa probabilité est bien trop faible pour ne pas résulter d'une influence du futur.

Autrement dit, la probabilité pour qu'une pandémie engendrant un confinement planétaire arrive en même temps qu'une avalanche de coïncidences, l'année même d'un effondrement financier et économique attendu depuis des années, est tellement faible qu'elle ne doit pas être attribuée au hasard, mais à une influence du futur.

Notons qu'une telle influence est invoquée en physique pour expliquer le fameux « hasard quantique » qui a fait réagir Einstein par la fameuse formule : « Je refuse de croire que Dieu joue aux dés. » Bien que le succès de la physique quantique ait fait dire à la communauté scientifique que, sur cette question du « hasard quantique », Einstein s'était trompé, c'était sans compter le fait que la théorie de l'influence du futur devient de plus en plus crédible avec le temps, ce que l'on peut résumer ainsi : ce qui n'est pas déterminé par le passé est déterminé par le futur.

Il ne reste donc plus qu'à se demander : à quel futur profite le coronavirus ?

Il suffit de constater la publicité faite durant le confinement à des technologies de surveillance de la population ou à des projets de contrôle humain (mobiles, drones, obligation vaccinale et puçage) pour être tenté de répondre à cette question de la façon suivante.

Le coronavirus profite à la mise en place du plus grand fléau susceptible de faire basculer l'humanité dans l'âge sombre du transhumanisme, grâce au déploiement des nouvelles technologies de surveillance de la population, dopées par le confinement et ses suites : la 5G avec les objets connectés, le traçage de la population, la surveillance par drones et le puçage humain.

On comprendra donc l'explosion des théories du complot, issues de l'illusion d'une guerre contre les peuples pour imposer une société de contrôle absolu.

Toutefois, la présence du futur laisse place à une autre interprétation : et si c'était plutôt un ancien futur transhumaniste qui complotait contre nous ?

Le transhumanisme

Rappelons que, dans la théorie dite « de la double causalité » qui sous-tend cette analyse, notre futur collectif est créé par la somme de nos pensées portées par la vibration de nos émotions, une réalité à ne pas confondre avec une croyance du New Age, mais à comprendre sur des bases scientifiques solides qu'il serait trop long de rappeler ici. Je dirais simplement que cette réalité se comprend au travers du rapport entre l'information de la conscience et la structure vibratoire intime de l'espace-temps (gravité quantique).

Un ancien futur est alors celui dont la création remonte aux croyances les plus anciennes. Or, depuis des siècles, l'Occident a entretenu l'idée que nous étions des machines biologiques. Une telle croyance engendre très logiquement un monde des machines où le transhumanisme s'impose naturellement.

Une autre raison de considérer ce monde transhumaniste comme un ancien futur est que, pour advenir, il n'avait pas besoin du coronavirus, lequel n'a fait que le mettre en lumière avec toutes ses menaces. Il s'agit en effet d'un prolongement du monde d'avant, en pire, c'est-à-dire avec toujours plus de pollution, de destruction de la nature et du vivant, de surconsommation, de dépense d'énergie et d'information. C'est aussi l'aliénation de l'être humain à travers les technologies liberticides qui veulent s'imposer à nous aujourd'hui.

Ces technologies font partie du marché de l'intelligence artificielle (IA), dont je vais me permettre d'anticiper ici l'avenir. J'ai en effet été l'un des meilleurs spécialistes mondiaux de l'IA durant la première décennie 2000-2010 et j'ai été primé plusieurs fois pour ça (Cristal du CNRS, trophée international de la vision industrielle...).

J'ai déposé des brevets sur une technique de traitement du signal particulièrement performante dans le domaine de l'identification, à partir de laquelle la signature de n'importe quel comportement humain tracé par un signal devient aisée à calculer, grâce à la détection en temps réel de corrélats utilisant des bases de données de signaux pré-analysés et enregistrés sur un *cloud*.

Même si, pour l'instant, l'identification d'un comportement par traçage paraît relever de la science-fiction, il importe de comprendre qu'un premier type de traçage accepté par la population entraînera inexorablement un besoin d'amélioration et donc l'acceptation de meilleures techniques de traçage et d'identification. Ce sera un véritable engrenage.

J'affirme que si, en tant qu'ingénieur, on me demandait aujourd'hui de développer des logiciels à partir de la mise à disposition de technologies de traçage, même sans caméras et avec un bruit résiduel, je pourrais réaliser des prouesses en matière d'identification dont mes commanditaires n'auraient même pas osé rêver.

Croyez-moi, on n'a pas besoin d'une caméra pour savoir ce que quelqu'un est en train de faire, il suffit d'avoir un signal quelconque sur cette activité et d'avoir une base de données d'activités pour identifier des signatures tout à fait pertinentes. Et je vous assure que cette identification pourrait être très puissante, au point de ressembler à de la magie si le signal est bon, qu'il s'agisse d'un traçage externe ou interne au corps humain.

On n'a pas non plus besoin qu'un être humain surveille des caméras pour savoir ce qui est en train de se passer dans un environnement filmé ou simplement tracé par un signal capté. Un être humain est déjà en général peu fiable sur l'analyse d'une image, il l'est encore moins sur un signal. Un être humain n'est fiable qu'en dernier ressort, et seulement sur la vision, lorsqu'un programme d'analyse lui demande de lever un doute résiduel.

Tout cela pour dire que, si des technologies de traçage humain se mettent en place, il est clair que nous ne serons pas surveillés par des humains mais de manière constante, nuit et jour, par des programmes. Ces programmes pourront identifier tout ce que nous sommes en train de faire avec le maximum de détails, par exemple :

– à quelle distance vous suivez la voiture devant vous, à qui elle appartient, à quelle vitesse vous roulez, etc. (les radars deviendront inutiles) ;

– à quelle heure vous arrivez à votre travail, la durée de vos pauses, ce que vous faites pendant vos pauses, avec qui vous déjeunez, etc. ;

– vos rapports avec vos voisins, collègues, conjoint, enfants, vos gestes brusques, avec qui vous faites l'amour, combien de temps, comment ça se passe, etc.

On objectera qu'il y aura une législation et que tous ces développements seront interdits. C'est une erreur, car les seules choses qui pourront être interdites seront certains usages de ces programmes, mais certainement pas leur développement. Ils seront obligatoirement développés pour un usage, par exemple, sécuritaire et ils seront ainsi disponibles pour des applications inhumaines. Même si ces applications-là sont interdites, peut-on vraiment croire que des services secrets de surveillance intérieure s'en passeront ?

De plus, le fait de ne pas être surveillés par des humains mais par des programmes « inconscients » sera revendiqué comme ne devant gêner personne. En réalité, se sentir surveillé par un programme entraînera beaucoup de comportements bizarres (de leurres) et d'aliénation, non sans raison. Car lorsque le programme détectera un comportement considéré comme anormal ou dérangeant (y compris des leurres pour éviter un diagnostic), des humains (police, etc.) pourront être avertis afin de jeter un œil sur la personne concernée et n'auront peut-être même pas besoin de le faire si la preuve de son comportement, disons illégal, est déjà apportée par le programme.

Il s'agit donc là d'une véritable plongée directe vers une totale déshumanisation de la société. J'ai insisté longuement sur ce problème parce qu'il importe maintenant de comprendre que ce processus de déshumanisation pourrait atteindre un point de non-retour dès 2020, si l'on y prend insuffisamment garde.

En effet, mettre le doigt dans l'engrenage du traçage conduira au stade suivant, plus perfectionné, celui du puçage humain. Nous pourrions alors être suivis partout, même dans la nature, notamment grâce au projet Starlink qui a déjà commencé à polluer le ciel avec son orgie de satellites et qui prévoit de l'encombrer encore plus avec des dizaines de milliers supplémentaires ! Une perspective effrayante !

Voilà donc où nous menait l'ancien futur.

Je souhaite maintenant expliquer pourquoi en France, nous sommes une cible privilégiée de ce programme aliénant. On nous a parlé de guerre avec insistance, on a agité devant nous la peur de la mort, on veut nous tracer, nous discipliner, nous contrôler d'une façon qui aurait été inimaginable quelques mois plus tôt. Or, il y a une certaine logique là-dedans, si l'on considère que pour des raisons historiques la France est le pays qu'il faut « plier » ou « écraser » en premier, car c'est le plus récalcitrant. On l'a vu avec l'émergence spontanée du mouvement des Gilets jaunes qui ont été violemment maltraités. Si l'on tient compte maintenant des coïncidences impliquant la France dans cette affaire du coronavirus et que l'on rejette tout complot, alors il faut envisager pour les expliquer une influence du futur spécifique à la France et en conclure que notre pays est comme « instrumentalisé en priorité » par l'ancien futur transhumaniste pour qu'il puisse s'étendre ensuite au monde entier.

Autrement dit, le fait que la France semble être une cible privilégiée devrait plutôt être compris comme le fait que l'ancien futur s'attaque à notre pays, car c'est celui qui offrira la plus grande résistance.

Le grand virage de l'humanité

Fort heureusement, il semblerait donc que tout ce programme ait été suspendu et que tout se passe comme si ce futur aliénant nous dévoilait plutôt son abomination au grand jour, facilitant ainsi le contraire des apparences, c'est-à-dire l'avènement d'un nouveau futur alternatif pour cause de rejet de l'ancien. Le discrédit jeté par les théories complotistes sur les technologies de surveillance va continuer en effet à faire son œuvre même si ces théories sont partiellement fausses, car le peuple est encouragé à réagir plus émotionnellement qu'avec raison lorsque les médias sous influence en sont réduits à combattre les mauvaises informations pour ne pas avoir l'air d'omettre les bonnes. Le projet transhumaniste, qui devait ainsi s'imposer sans débat ni étude préalable de conséquences sur la santé physique et mentale, tout comme pour la 5G, a été mis en lumière. Il n'avait donc vraiment pas besoin du coronavirus, car il suffisait pour l'humanité de continuer sa répétition habituelle du passé…

Grâce au coronavirus, l'humanité aurait-elle donc enfin la possibilité d'amorcer le grand virage ainsi prédit par André Malraux : « Le XXIe siècle sera spirituel ou ne sera pas » ?

La bonne nouvelle serait donc que, grâce au coronavirus, l'influence du passé aurait été stoppée et qu'un nouveau futur se serait donc installé. Mais comment cela serait-il arrivé ?

La réponse est simple : durant les décennies précédentes, nos croyances ont changé et sont devenues beaucoup plus spirituelles, car beaucoup de choses nous ont démontré que nous avions une âme et que notre conscience n'était pas le produit du cerveau.

Nous nous dirigeons ainsi aujourd'hui vers ce nouveau futur, qui est celui de l'éveil de la conscience mais aussi de la résistance… contre l'ancien futur qui ne va pas se laisser démonter aussi facilement.

Heureusement, la France est le meilleur pays pour résister afin d'expérimenter le nouveau futur. Elle est championne d'Europe par son nombre de villages. Elle est le pays le mieux tempéré, le mieux placé pour résister au réchauffement climatique, pour développer une agriculture recentrée localement, sur la permaculture et sur des communautés résilientes, solidaires et autonomes soutenues par les mairies.

La France est aussi le pays de Descartes, à qui on a fait un terrible affront en nous laissant croire qu'être cartésien, c'était croire que tout était mécanique. Or, Descartes avait conservé la transcendance.

Je ne cesse d'expliquer scientifiquement dans mes publications, livres et conférences les raisons pour lesquelles ce n'est pas la mécanique qui détermine le cours des événements, pas plus que les cigognes ne nous amènent les bébés. Ce sont nos pensées et nos émotions, captées par notre Soi en miroir, à travers d'infimes vibrations de l'espace-temps ou des dimensions supplémentaires.

On en a des preuves à travers toutes les découvertes qui démontrent que l'espace, le temps et la matière n'existent pas tels qu'on les perçoit… que l'espace lui-même n'est pas dissociable de la conscience.

On en a des preuves à travers des expériences de test de la théorie du plus grand physicien de la planète, Roger Penrose, qui nous dit que la conscience est de nature quanto-gravitationnelle.

On en a des preuves[4] à travers un tas de phénomènes directement liés à la conscience, comme les synchronicités, le pouvoir de la méditation, les expériences de mort imminente et sorties de corps, les ovnis et les perceptions extrasensorielles, etc. La liste est longue.

On en a des preuves[5] à travers une définition de l'âme dont l'existence est devenue rationnelle : un système immatériel de coordination quantique et atemporelle du vivant, capable de rejeter son excédent d'entropie et de survivre à la mort physique.

Je suis donc optimiste, car la révélation scientifique de la réalité de l'âme et de toutes les potentialités de la conscience va complètement ringardiser l'ancien futur transhumaniste, fondé sur l'idée que l'âme n'existe pas. Cet ancien futur essaie de nous faire peur, car la peur est une vibration émotionnelle qui nous ramène vers lui, à l'opposé de la joie qui nous emmène vers un nouveau futur, profondément humain et solidaire.

N'oublions jamais qu'au sein du multivers, le futur que nous allons vivre est adressé par nos pensées transférées par la vibration de nos émotions. Plus nos vibrations sont élevées et subtiles, plus l'adressage est puissant, c'est mathématique.

Si nous ne voulons pas du transhumanisme, soyons lucides et sachons dire non, mais sans vibrer ni la peur ni la violence. Vibrons

---

4. Il existe beaucoup de littérature sur ce sujet mais voir notamment : Philippe Guillemant, *La Physique de la conscience*, Trédaniel, 2015.
5. Voir par exemple : Philippe Guillemant, *Le Pic de l'esprit*, Trédaniel, 2017 ; Philippe Guillemant, «The cybernetical time», JIMIS 2019 et Olivier Chambon et Marie-Odile Riffard, *La Vie après la mort*, Larousse 2020.

plutôt la joie et la puissance de l'être souverain et confiant qui sait que ce futur ne passera pas par lui. Vibrons des projets solidaires, autonomes et résilients qui valorisent la nature au lieu de la détruire. Rêvons de rejoindre des initiatives innovantes et créatives en allant nous installer dans les campagnes.

Mais n'oublions jamais qu'on ne crée pas son futur avec son mental mais avec son cœur.

Philippe Guillemant est un ingénieur physicien français diplômé de l'École centrale de Paris et de l'Institut de physique du globe. Il est docteur en physique et habilité à diriger des recherches. Il exerce son activité au CNRS à Marseille où il est ingénieur de recherche hors classe.

Après avoir été reconnu par plusieurs distinctions, dont le Cristal du CNRS, pour ses innovations dans le domaine de l'intelligence artificielle, il mène aujourd'hui une recherche fondamentale en physique de l'information qui vise à réviser notre conception de l'espace-temps en lui octroyant une flexibilité et des dimensions supplémentaires liées à notre conscience.

Il est l'auteur de la théorie de la double causalité (ou de l'espace-temps flexible), un modèle de création de la réalité fondé sur le libre arbitre via *une rétrocausalité, présenté dans ses trois livres* La Route du temps *(Le Temps Présent, 2010 et 2014),* La Physique de la conscience *(Trédaniel, 2015) et* Le Pic de l'esprit *(Trédaniel, 2017). Ce modèle conduit, entre autres choses, à une explication rationnelle de la synchronicité qui débouche sur un véritable « pont » entre la science et la spiritualité.*

Mieux être au monde…

Par Guibert del Marmol

Voilà, nous y sommes !

Ces mots tirés d'un texte superbe de Fred Vargas résonnent dans ma tête alors qu'Emmanuel Macron termine son allocution.

Pas de peur, juste un constat comme quelque chose d'attendu malgré l'effarement. Bien sûr, il y avait eu l'appel inquiet en janvier d'un ami chaman m'annonçant l'imminence d'un événement planétaire sans précédent ou encore la lecture du cosmos de mon amie astrologue et mathématicienne qui dès le mois de novembre parlait d'un monde très différent à l'échéance de douze mois. Finalement, ces conversations ne faisaient que faire écho aux propos que j'avais moi-même diffusés dans les conférences depuis six ans. Nous vivons dans un monde de plus en plus chaotique où les forces centrifuges tirent à hue et à dia et nous nous acheminons collectivement vers un point de bascule avec deux possibilités comme le décrit la théorie du chaos : un effondrement probable mais aussi la possibilité d'une nouvelle période de renaissance à l'image de celle qui avait succédé au Moyen Âge. À l'aridité des théories scientifiques, j'ai souvent privilégié dans mes conférences la vision plus poétique qu'un maître soufi m'avait donnée sur la symbolique d'un autre événement planétaire, le tsunami qui, le 26 décembre 2004, emporta 300 000 vies sur les côtes asiatiques : « La terre va accoucher d'un nouveau monde, me disait-il. Ce que tu vois là, c'est la perte des eaux. Regarde bien dans les prochaines années, tu verras les contractions s'intensifier. » J'ai toujours gardé à l'esprit cette conversation comme une grille de lecture subtile pour toutes les crises traversées depuis lors, qu'elles soient climatiques, économiques, sanitaires, politiques ou environnementales. Voulant inciter mon auditoire à l'espoir plutôt qu'à la peur, à l'envie d'entreprendre pour devenir acteur du changement plutôt qu'au repli sur soi, je clôturais souvent mon propos en rappelant qu'un accouchement était un moment d'espoir mais aussi douloureux et potentiellement dangereux. Il ne tenait qu'à nous de choisir entre se ronger les ongles dans la salle d'attente ou entrer dans celle d'accouchement épauler les sages-femmes et faire naître ensemble ce monde plus juste et harmonieux que beaucoup espèrent.

Ça y est, nous sommes donc à cette nouvelle contraction en ce soir du 16 mars. Si ce n'est pas encore le grand saut, il est évident que les choses s'accélèrent, que ce qui n'était encore qu'une projection mentale pour beaucoup, nos incohérences humaines et surtout ce qu'elles engendrent comme effets destructeurs, s'invite maintenant dans le quotidien de milliards de personnes.

Malgré l'emballement médiatique et les peurs collectives qui montent, je renoue avec un sentiment rencontré il y a bien longtemps déjà quand, en cette matinée du 1er juillet 1994, le médecin m'annonça sans ménagement que j'étais atteint d'une pathologie lourde dont l'issue pouvait être rapidement fatale. À côté de l'effet de sidération lié au choc de l'annonce, le sentiment qu'une autre partie de moi-même plus forte et plus sereine est en train de s'installer aux commandes de mes pensées et de mes actions. C'est cette même Présence qui me guida dans la tempête d'alors et plus tard dans mon chemin de reconstruction et d'ouverture de conscience.

Alors que me dit cette Présence ?

Oui tout est possible avec le Covid-19 mais rien n'est encore écrit définitivement tant d'un point de vue individuel que collectif. La pandémie qui sévit est certes une chose sérieuse mais il faut éviter l'effet « loupe » des médias et de la peur collective. Ne cherche pas trop à comprendre la cause précise et l'enchaînement des événements qui ont conduit à l'émergence de ce coronavirus, c'est probablement bien différent de ce que tu peux imaginer. Considère plutôt le moment comme une invitation à l'intériorité et à la relocalisation, deux choses dont tu as fait souvent l'éloge dans tes propos. Cette crise ressemble à un accord entre l'ombre et la lumière. La lumière qui met en exergue nos fausses croyances, nos manquements et les actes destructeurs que nous posons en conséquence et l'ombre qui se régale de l'angoisse qui monte partout. À toi de choisir si tu veux nourrir l'ombre par des peurs ou la lumière en choisissant ce moment « privilégié » pour faire place à plus de calme et de clarté en toi.

Ceux qui te sont chers sont en sécurité, veille à ce qu'ils le restent. Là où tu confines, la nature est omniprésente. Le printemps va se donner en spectacle comme toujours juste devant ta fenêtre mais à l'inverse des autres années tu seras là pour vivre chaque jour, chaque heure la puissance et la beauté unique de cette renaissance. Alors passe les semaines qui viennent à observer et célébrer le vivant autour de toi et en toi. Il n'est nul besoin de rajouter du bruit au bruit, de la peur à la peur ambiante, de la colère à la colère grondante. Profite de ce moment pour t'ancrer mieux que jamais dans l'instant présent que tu survoles trop souvent perdu dans tes pensées, pour parfaire ton alignement et la cohérence entre tes idées et tes actes, pour méditer plus profondément et nourrir une pensée holistique et pour mieux servir ce monde qui tarde à naître. L'amour et la bienveillance de ton entourage, la « slow attitude », la magie d'une nature grandement débarrassée de la pollution des hommes t'aideront à faire mieux en faisant moins ou plutôt à être mieux en faisant moins.

La meilleure chose à faire face au virus c'est de renforcer au quotidien ton immunité. Les pratiques que tu as développées pour reconstruire ta santé il y vingt-cinq ans, activités physiques, nutrition saine et de saison, intimité avec la nature, méditation et pensées positives seront tes meilleures alliées pour traverser ce confinement et tirer de nouveaux enseignements de ce que nous vivons collectivement.

Cinquante-cinq jours plus tard, qu'est-ce que tout cela m'a appris ? Qu'ai-je trouvé dans ces voyages intérieurs hebdomadaires, dans cette nouvelle relation au temps, à l'espace, aux autres et à moi-même ?

Pas de grande révélation à vrai dire mais beaucoup de conviction. La conviction bien sûr des causes majeures qui nous ont menées à cette situation impensable il y a peu encore. S'il ne fallait en citer qu'une, celle qui préside à toutes les autres, c'est le sentiment de séparation largement développé par le *sapiens* que nous sommes. La fausse croyance d'être séparé de tout, des autres avec qui il se considère trop souvent en compétition, de la nature et des autres règnes (minéral, végétal, animal et celui de l'esprit) qu'il cherche à asservir pour satisfaire ses pulsions, de lui-même tout simplement en oubliant qu'il fait partie d'un tout plus vaste que lui où tout est interdépendant. C'est aussi l'oubli par Sapiens que ce qu'il fait aux autres, il se l'inflige à terme à lui-même, qu'il n'y a pas de matérialité viable sans une spiritualité sereine, que le corps et l'esprit sont indissociables, que l'écologie globale est avant toute chose la somme des écologies individuelles. La conviction aussi que nous encombrons trop souvent nos vies de choses dont nous n'avons pas vraiment besoin et de pensées futiles qui nous coupent des autres et de nous-mêmes. La conviction toujours, que moins de biens signifie souvent plus de liens, que notre société donne trop de valeur à ce qui n'en a pas et pas assez à ce qui est essentiel. La conviction enfin qu'il y a urgence à sortir de nos peurs issues d'une réalité inquiétante mais aussi de nos propres projections d'un futur qui n'a pas encore pris forme dans notre monde. Ce sont nos pensées qui créent notre réalité. Celles qui gavent les médias et les réseaux sociaux sont trop souvent faites de peur, de colère, d'anxiété, d'amertume, de rancœurs alors qu'il nous faut maintenant nourrir un futur porteur de sens et d'espoir. Ce ne sont pas les chiffres et les débats contradictoires d'experts patentés ou pas qui génèrent de l'espoir. Ce dont nous avons besoin, comme le soulignent beaucoup d'acteurs de la transition, c'est d'un nouveau récit. Pour que l'envie de s'engager prenne le pas sur la peur de ce qui peut nous arriver, il nous faut d'urgence raconter une nouvelle histoire, proposer une nouvelle direction qui parle au cœur et enthousiasme l'esprit.

Ces cinquante-cinq jours de confinement ont aussi été l'occasion de relire les notes prises sur quatre continents à la rencontre des « entreprenants », ces femmes et ces hommes que j'appelle « Soleil », qui discrètement changent le monde en mieux là où ils sont. De tout cela a émergé une évidence, celle que les ingrédients d'un futur porteur d'espoir sont déjà là. Il ne faut rien inventer si ce n'est coconstruire le récit qui les alignera dans le bon ordre.

« Rien n'est plus fort qu'une idée dont l'heure est venue » Victor Hugo

L'enjeu de ce récit est donc de proposer une destination qui donne un sens individuellement et collectivement. La destination, c'est de passer d'un modèle de société dont le point d'attraction central est principalement la finance et l'avidité à une société où le point « pulsant » serait d'abord le *souci du bien commun*, *de la dignité* (c'est-à-dire l'accès à une nourriture saine, à un logement sain et sûr, aux soins de santé et à l'éducation) pour tous et l'assimilation du principe d'*interdépendance* par chacun. Cette société serait soutenue par des modèles politiques permettant la préservation et l'élévation des gens là où ils demeurent, une force politique agissant comme une force de régulation plutôt que de réglementation. Ces politiques au service des êtres plus qu'au pouvoir seraient elles-mêmes soutenues par un modèle économique agissant comme une force de réalisation individuelle et collective et non pas de prédation. Est-ce une utopie que de rêver un monde comme celui-là ? Assurément, et c'est tant mieux, car tout commence par une utopie, une idée folle qui engendre un récit et dont la force et la pertinence génèrent l'inspiration créatrice d'une réalité tangible. Ce qu'il y a de terriblement excitant dans l'utopie qui nous occupe, c'est qu'elle est pragmatique et que ses composantes et les clés essentielles à son avènement sont déjà en train de germer sur tous les continents.

D'un point de vue politique, ce pourrait être l'avènement, là où c'est possible, d'une démocratie plus *participative*, directe et *capacitaire* plutôt que notre modèle démocratique représentatif électif confronté à des problèmes grandissants d'efficacité et de légitimité mais surtout trop éloigné des citoyens. Une démocratie participative et directe, ce pourrait être développer l'usage de la « votation » comme le font déjà les Suisses mais aussi le recours au tirage au sort pour la création d'assemblées citoyennes. Rien n'est à inventer, tout existe déjà et parfois depuis très longtemps. L'initiative des villages citoyens de Rangaswamy Elango en Inde, celle de l'Irlande du Nord pour voter la loi sur le mariage gay ou encore la convention citoyenne pour le climat mise en place en France sont autant d'exemples. Cela demande d'évoluer individuellement et collectivement, de dessiner de nouvelles règles du jeu démocratique et surtout de mettre chacun en capacité d'assumer son rôle de citoyen pour qu'émerge une autre gouvernance. Il deviendrait alors possible de pousser le pouvoir à la fois vers le bas et vers le haut, de donner plus d'importance aux régions, aux villes et villages dans la gestion de leur quotidien et de leur avenir mais aussi de remettre en route une vraie Société des Nations garantes des grands enjeux planétaires en lieu et place des Nations unies actuelles. Une Société des Nations qu'il conviendrait peut-être de rebaptiser « Société du Vivant » avec de vrais pouvoirs et avec en son sein plus encore que partout ailleurs des sages, des leaders inspirés et inspirants capables d'aider, de guider, de canaliser si nécessaire les lieux, les territoires, les régions et les personnes qui en auront la responsabilité avec toujours le souci du bien commun. Le danger que représentent des hommes comme le président brésilien pour le maintien de la forêt amazonienne indispensable au reste de l'humanité ou le comportement pétri d'ego d'autres dirigeants dans la crise provoquée par le coronavirus souligne l'urgence d'une telle utopie.

Ces modèles de gouvernance au service du bien commun seraient secondés par un modèle économique de régénération et non plus de prédation, un modèle économique respectueux de l'environnement, des hommes et créateur d'abondance partagée pour tout l'écosystème. C'est une économie *régénératrice* qui tire ses principes de fonctionnement de l'observation et de la mise en œuvre des modes opératoires de la nature. C'est-à-dire une dimension locale forte, la collaboration plutôt que la compétition, l'usage plutôt que la propriété et la mise en œuvre de la circularité dans tous ses processus. Pour qu'un tel modèle fonctionne, il faut revoir les mesureurs de valeurs et de performance de ses acteurs. En d'autres termes, il faut que les entreprises deviennent massivement des entreprises dites à *mission*, passant d'une logique de maximisation de profit pour les actionnaires à une logique de création de valeur partagée et mesurée pour toutes les parties prenantes.

Cette économie régénératrice est déjà là. Comme souvent elle a d'abord été le fait d'une nouvelle génération de petits entrepreneurs « éclairés » cherchant à donner plus de sens à leurs actions mais aussi conscients que, comme dans la nature, la création d'abondance partagée est la meilleure façon de renforcer la pérennité et les capacités de résilience de leur projet.

Changer nos modèles de société, c'est aussi changer les règles du jeu

Pour éviter de retomber dans une simple adaptation de dogmes et d'idéologies déjà existantes, les règles de fonctionnement (le code du « vivre ensemble ») de cette société « idéale » mais aussi de ses systèmes politiques et économiques pourraient s'inspirer des *lois universelles*. Ces lois qui régissent notre univers et se situent souvent au carrefour entre la biologie, le monde quantique et les enseignements de sagesses millénaires. Elles ne sont ni bonnes ni mauvaises, elles sont tout simplement et ne pas les suivre nuit à l'efficience de tout le système. *L'interdépendance* est peut-être la plus évidente de ces lois. Dans la nature bien sûr, mais aussi au sein de chaque organisme, l'interdépendance est omniprésente. C'est le principe d'unité que nous enseignent toutes les sagesses anciennes et le principe du champ unifié observé par les physiciens quantiques.

On l'aura compris, les ingrédients, les architectures et les principes de fonctionnement de cette société « idéale » sont déjà là, à disposition, prêts à servir ou le plus souvent déjà en service quelque part. La clé suprême pour le déploiement de cette nouvelle terre réside pourtant dans l'émergence de plus de femmes et d'hommes « Soleil ».

Techniquement, nous pouvons presque tout résoudre. Nous pouvons nourrir neuf milliards d'individus avec une agriculture respectueuse de l'environnement et des hommes, avec 3 % du budget militaire mondial, nous pouvons donner accès à l'eau à l'ensemble des habitants de cette planète, nous pouvons reverdir les déserts, développer des énergies vertes permettant l'autonomie des lieux et bien d'autres choses encore. La crise principale (celle qui engendre les autres) à laquelle nous sommes confrontés est aussi une crise de leadership et de gouvernance. Nous avons trop de leaders au pouvoir et pas assez au service, trop d'enfants avec des cœurs d'adultes et pas assez d'adultes avec des cœurs d'enfants à la tête de nos institutions. Pour résoudre les crises planétaires et leur complexité, nous n'avons plus besoin de chef de guerre mais bien de chefs d'orchestre capables d'imaginer de nouvelles symphonies, d'attirer à eux les meilleurs musiciens par leur vision et leur exemplarité et de créer les conditions de succès pour chacun, pour qu'ensemble quelque chose d'infiniment plus fort émerge au service de la vie. Ces chefs d'orchestre sont ces hommes et ces femmes « Soleil ». Ce sont des individus animés d'une vision pour le collectif, d'une connaissance approfondie d'eux-mêmes et des principes qui régissent notre univers. Outre la connaissance, ils incarnent ce qu'ils prônent dans leurs actions et leur rayonnement. Inatteignable pour le commun des mortels diront certain. Non, trois fois non ! Chacun peut s'élever à ce niveau, la clé c'est le travail sur soi-même afin de bien cerner qui l'on est vraiment et ce que l'on vient faire dans cette époque. Les moyens sont multiples pour ce travail mais le plus simple est de commencer par celui fait sur le corps physique, la façon dont nous l'écoutons, l'entretenons, le soignons et le nourrissons. C'est la mise en place au quotidien des principes d'épigénétique qui permettent la régénération des cellules et même la modification de l'expression de nos gênes grâce à notre hygiène de vie (ce que nous mangeons, notre relation à la nature, la gestion du stress, l'activité physique, la gestion de nos pensées et émotions...), car ce qui nous tue prématurément, ou plus simplement ce qui nous empêche de déployer notre plein potentiel, sont principalement la pollution intérieure et celle extérieure auxquelles nous nous exposons. Une hygiène de vie basée sur l'épigénétique va permettre une harmonie plus grande entre les différents corps qui nous composent, le corps physique, le corps mental et émotionnel. De telles habitudes de vie ne sont probablement pas suffisantes à elles seules pour permettre l'accès à une plus grande connaissance de soi-même et à son plein potentiel. 90 % de ce qui nous guide au quotidien est inconscient. Cet inconscient-là est souvent caché dans nos propres mémoires cellulaires, qu'elles soient liées à notre expérience de vie aujourd'hui, au transgénérationnel ou encore à des mémoires de civilisation que nous portons en nous. Accéder au niveau « Soleil », c'est, bien sûr, mettre en place une hygiène de vie « épigénétique » mais c'est aussi vouloir travailler sur ses parties inconscientes pour mieux comprendre qui nous sommes, ce qui peut nous freiner dans notre évolution. Les techniques existent aujourd'hui. Sans pour autant courir les thérapeutes à la recherche du messie, des techniques simples telles que la méditation, la respiration consciente ou le travail de l'énergie interne par la pratique des arts martiaux permettent vraiment à qui le veut d'accéder à une autre partie de lui-même, à un autre niveau de conscience et de compréhension de ce que vivre signifie.

La conséquence d'une telle hygiène de vie, au-delà de l'effet observé sur le système immunitaire, est souvent l'alignement des trois cerveaux… Les hommes et les femmes « Soleil » sont des personnes qui, consciemment ou non, mettent en pratique l'alignement des trois cerveaux réels que nous possédons. Il ne s'agit pas ici de l'alignement du cerveau reptilien, limbique et du néocortex comme évoqué en neurologie, mais bien du cœur, du ventre et de la tête. Celui du cœur d'abord, il contient des milliers de neurones et est probablement le siège réel de l'intuition. Il capte l'information avant la tête. Celui du ventre ensuite qui est le siège des émotions. Et finalement et de façon assez surprenante le moins puissant et pourtant le plus utilisé celui de la tête qui agit surtout comme un processeur.

En mettant en harmonie ces trois cerveaux, ces femmes et ces hommes « Soleil » mettent également en équilibre les énergies masculines et féminines qui résident en chacun d'eux. Ils incarnent ce faisant la solution à un des plus grands défis du nouveau monde, la fin de l'oppression du féminin par le masculin. C'est le déséquilibre de ces polarités qui génère les problèmes de ce monde par une logique de confrontation plutôt que de coopération, d'ego là où nous avons besoin de collectif, d'appropriation là où le partage et la régénération sont vitaux. Il ne s'agit nullement d'un point de vue féministe mais d'une réalité observée que le confinement a mis en exergue une fois encore. D'après le magazine américain *Forbes*, ce sont pour la plupart les gouvernements dirigés par des femmes (Nouvelle-Zélande, Taïwan, Scandinavie ou encore Allemagne) qui se sont montrés les plus efficients pendant cette crise sanitaire. Le propos peut sembler sexiste et corrélation ne veut pas dire causalité, mais il n'y a pas de mon point de vue de fumée sans feu… Partout où mon métier m'a conduit ces quinze dernières années à la rencontre de celles et ceux qui changent le monde en silence, j'ai croisé un nombre toujours plus grand de femmes et fait la connaissance des nouveaux hommes. Ceux qui ont pu développer leur partie féminine et accepter la prédominance du cerveau « cœur » sur celui « tête » leur permettant de passer plus facilement du Je au Nous, de la compétition à la coopération et du pouvoir au service.

Et si c'était cela finalement le message que nous envoie la pandémie en ce printemps 2020 ? Faisant écho au message de Gandhi qui nous incite à être le changement que nous voulons voir dans ce monde, ce sont notre harmonie et notre équilibre intérieurs qui façonnent l'équilibre et l'harmonie de notre monde extérieur…

Ancien dirigeant d'entreprise, Guibert del Marmol est aujourd'hui auteur et conférencier traitant de la résilience individuelle et collective. Il est également cofondateur de la Lunt Foundation *dont la mission est d'inspirer et d'aider les acteurs de changement à déployer leur projet. Utopiste pragmatique, Guibert se définit le plus souvent comme un passeur de mondes et un tisseur de liens pour celles et ceux qui construisent le prochain.*

Suspendu(e)s entre le soulagement de l'irréfutable et l'appel d'air de la liberté

Par Sandrine Roudaut

Voilà on y était, suspendu(e)s… Enfin… J'ai pensé « enfin » ! Est-ce bien décent ? Une indifférence ?

Pas facile pour moi de répondre à la question de ce que j'ai appris. Pendant le confinement, je me suis exprimée à deux reprises. Au tout début pour dire que nous étions « suspendus entre hier et demain », que rien ne pouvait être prédit ni dans un sens ni dans l'autre. Et une seconde fois « suspendus entre l'abandon et le contrôle » pour nous inviter à accueillir l'inattendu en nous abstenant de forcer nos intentions. Même et surtout si nous l'avions prévu, le risque de la longueur d'avance, la tentation des alternatifs qui rejetaient depuis longtemps ce monde fragile. Je regardais nombre d'entre nous s'activer pour « le monde d'après » et j'avais peur que l'on ne gâche ce moment, qu'il serait bon au contraire de se laisser bousculer, toucher, ne rien faire. Quoi que nous ayons pu imaginer, espérer, anticiper. Peut-être que cela sonnait désormais faux. Sonner juste, c'est quand ta pulsation rencontre celle du monde. Et la pulsation du monde avait bel et bien changé. Arrêter de s'activer, comme si c'était « le Grand Soir », la validation de nos exigences, notre moment. Non, plutôt encaisser la vague, ou le plat. Ou alors nous n'aurions rien appris de cette chance d'un temps suspendu…

Qu'ai-je finalement appris ? J'essaye de remonter le fil...

Il y a quelques années j'ai écrit un essai qui s'appelle *Les Suspendu(e)s*, alors évidemment je l'attendais ce temps. Mais pour moi c'était juste une photographie passée au révélateur. Suspendu(e)s, nous l'étions déjà. Entre deux époques, entre l'indignation et l'émerveillement, entre le doute et la conviction, entre nos résignations et nos utopies, entre héroïsme ordinaire et collaboration au pire, entre le tragique et le sublime...

J'avais compris que nous n'étions pas faits d'un seul bloc, et que la suspension entre des forces opposées pouvait être libératrice. Assumer le mouvement, la complexité, le subtil, suspendus entre nos faiblesses et notre puissance. Vivre suspendue me permet de traverser la difficulté du monde, solidement arrimée à l'essentiel, absorbant les inattendus et mes propres mouvements. Sans cesse se remettre en jeu. Cela me permet de prendre ma place dans la grande marche du monde, entre humilité et prétention. Prétendre en toute humilité mais avec fermeté à un autre monde.

Alors c'était presque un non-événement

Et comme j'étais sur la toute fin d'écriture de mon premier roman, je me suis engouffrée dans l'aubaine, j'ai pris cet événement pour autorisation. Une autorisation à rester dans ma grotte à écrire pour libérer ma force, libérer nos forces, c'était là mon intention. Un an que j'étais déjà suspendue, à imaginer nos vies demain, comment des personnages feraient basculer le monde, leurs quêtes, leurs options. Un an de synchronicités permanentes, le processus créatif est une aventure puissante. Ce confinement était une synchronicité supplémentaire, l'ultime peut-être. Je n'ai pas vu ces semaines passer dans ma bulle et je me demande ce que j'ai vraiment appris. Et même... si j'ai vraiment appris.

J'étais suspendue entre une sorte d'indifférence et une intense présence au monde.

Une indifférence presque lasse face à la sidération ambiante et ce que je percevais comme des gesticulations absurdes. Ce n'est pas vraiment dans mon tempérament l'indifférence, on me dit plutôt « trop » sensible et « trop » engagée. L'indifférence en périphérie donc, et une très forte présence au centre.

Je devais terminer mon roman, et comme tous les auteurs en action à ce moment-là j'imagine, j'ai été tentée d'y intégrer ce qui nous arrivait. Pouvais-je finir un livre qui voulait nourrir nos perspectives, en passant sous silence ce trauma collectif ? Suspendue entre deux périls... la tentation de la « récupération » ou le spectre du « hors sujet ».

Un matin c'était limpide, mon cœur savait, il n'angoissait pas, il ne paniquait pas, il n'était pas surexcité non plus par la conjonction avec ce phénomène, je devais juste continuer. J'ai compris que moins ce livre se laisserait influencer par le Covid-19 et plus il serait juste, parce qu'il le contenait déjà. Il résonnait. La vie et la fiction se répondaient. Parce que tout était déjà dans l'air avant... attendant juste d'entrer dans la matière. Et moi je voulais continuer à écrire avec l'air d'après.

D'ailleurs, s'il y a une chose que j'ai comprise pendant ce confinement, c'est pourquoi j'écrivais et pourquoi j'éditais d'autres auteurs. À compter du premier jour où j'ai décidé d'écrire, il y a huit ans, j'ai affronté le syndrome de l'imposteur : qui étais-je pour m'autoriser à écrire ? À compter du jour où je suis devenue éditrice, j'ai refoulé cette question : est-ce vraiment avec des livres que tu auras un effet sur le monde ? Avec le Covid-19, le confinement, la question des activités dites essentielles s'est posée. Les librairies ont fermé, rapidement, et pour beaucoup volontairement. Tel un aveu. Un aveu de non-nécessité. Tandis qu'on vendait des cigarettes. Pourtant pour la première fois j'ai su sans aucun doute combien les livres étaient importants. J'ai arrêté de penser qu'il n'y a qu'en « faisant » qu'on était utile, on pouvait aussi faire penser, faire rêver, faire avancer, faire du vide, faire du bien. Et même que le véritable confinement aurait été de nous interdire de lire, de regarder des films, des séries, d'écouter de la musique.

La liberté était dans ces évasions-là, intimes, universelles et singulières.

Intimes, c'est là que vibraient nos aspirations. Universelles, c'est avec ces œuvres que l'on se rencontrait tous en commune humanité. Singulières, un livre s'écrit par-delà son auteur, à chaque fois qu'un lecteur ou une lectrice y pose son regard. Je me suis souvenue alors de ce prisonnier qui avait envoyé une lettre à notre maison d'édition pour qu'on lui envoie des essais. Il nous disait que cela l'aiderait à envisager sa réinsertion, sa vie d'après. J'en avais été touchée, je comprends aujourd'hui que ces livres étaient pour lui une porte vers la liberté, la porte de son instinct de persévérance en humanité, une porte pour « refaire société », trois portes essentielles. Moi qui viens d'une famille de gens qui ont beaucoup travaillé, pour lesquels les intellectuels peuvent être considérés comme des gens inutiles, moi qui suis en admiration devant les gens qui entreprennent pour nos vies, je me suis réconciliée avec ce que j'apportais au monde, des livres, des paroles, dont la mienne… Pas plus, mais pas moins.

Alors, j'ai fait une seule chose réellement nouvelle pendant cet épisode, un podcast pour raconter les livres. Je me suis souvenu de la fiction *Fahrenheit 451,* où une dictature brûle les livres. Parce qu'ils sont la plus importante menace qui soit pour une autorité. J'ai voulu faire un podcast, car je n'en pouvais plus de toutes ces images, ces vidéos qui ont envahi nos vies pendant ce confinement comme apothéose de l'avant. La boulimie d'émissions numériques en live comme issue de secours illusoire pour braver le confinement.Je trouvais qu'une voix c'était doux, reposant et qu'un podcast était une écoute librement consentie. Le consentement m'est apparu important en cette période confinée et paradoxalement invasive. J'ai appelé ce podcast « Lectures intentionnelles » parce que chaque livre porte une intention. Que les intentions font bouger l'équilibre du monde. Que l'on peut réveiller ou encourager chez un lecteur ou une lectrice ce moment où il va décider de peser. De peser pour lui-même et pour le monde. Que nous pouvons ensemble mettre plus de poids sur certains côtés. Et alléger notre empreinte, là où la confusion est déjà bien trop lourde.

Voilà... je raconte cela comme si j'avais vécu dans une bulle. Indifférente au monde ? Non, je crois que c'était plutôt du soulagement. Un soulagement empreint de curiosité, d'enthousiasme. Le soulagement de l'inéluctable. On y était... Touchés de près. C'était beau tellement c'était irréfutable, c'est apaisant l'irréfutable. Elles étaient là, évidentes... nos dépendances, nos fragilités, nos addictions, nos futilités, nos démissions.

Nos dépendances

Un petit virus à un endroit et le monde s'arrête. Nous ne maîtrisons pas notre santé, nous ne produisons pas de masques, pas suffisamment de médicaments. Nos terres ne nous nourrissent pas, occupées en majorité à produire de l'alimentation animale qui sera exportée. Combien de temps pourrions-nous nous nourrir, frontières totalement fermées ?

Nos fragilités

Un petit virus et l'on comprend que notre système est en flux archi tendu, ne supportant aucun grain de sable, aucune rupture de chaîne.

C'est pourtant le « mou » qui fait la résilience, c'est le superflu, le non-affecté, le désœuvré. Je repensais aux fourmis, à ces prévoyantes qui affectent toujours 10 % d'entre elles à ne rien faire, un sas de souplesse réquisitionné en cas de problème. Envisager la vie truffée de « problèmes » est plus réaliste que de parier sur un long fleuve tranquille, en flux tendu.

Nos addictions, nos futilités…

Qu'est-ce qui nous manque vraiment ? De quoi sommes-nous vraiment privés ? À quoi passions-nous notre temps ? À quoi utilisions-nous notre argent ? Les belles questions. Et sinon, ils étaient où les transhumanistes de la « start-up nation » pour sauver les gens ? Oui le Covid-19 a remis les prétentions humaines à leur place.

Nos démissions

Car le Covid-19 n'était pas un problème de gravité de la maladie, c'était un problème de manque de lits, de manque de préparation, de manque de moyens. Le mépris du soin et du service public, cela nous faisait sentir ce que c'est que de « faire société ». La « crise » du Covid-19 était un problème de priorité. Les priorités sont le reflet des valeurs que nous accordons.

Une petite claque de lucidité radicale, implacable, dans nos quotidiens, nos chairs, nos pensées, nos sentiments, nos ambitions et même nos nuits pour certains. La lucidité radicale, on la traverse en vivant ces évidences, par les émotions. Peu importe les informations/prédictions qu'on avait tous pu brandir, les écrits, les tribunes, les injonctions depuis toutes ces années. Là, c'était réel.

Et l'implacable évidence... tout s'était arrêté, donc tout pouvait s'arrêter.

Nous avions tout arrêté, donc nous pouvions tout arrêter. Les voitures, les avions, la pollution, le bruit, la pression sur les autres espèces, les gros projets inutiles, le temps précipité, moins de déchets pour moins de ramassage de poubelles… Tout, nous savions comment tout arrêter. La « crise » écologique n'était pas une fatalité qui s'abattait sur nous comme si la responsabilité était depuis longtemps diluée, perdue. Le système capitaliste n'était pas une contrainte sur laquelle nous n'avions aucune prise. Il existait un levier de commande, on/off. Le péril écologique comme la machine économique en place, tous deux étaient nos choix. Des choix ! Pas des phénomènes extérieurs avec lesquels composer. Un choix chaque jour renouvelé, donc chaque jour réfutable. Nous avons compris l'évidence de l'absurde, que cet absurde est un choix, et que d'autres choix sont donc possibles. Si l'imprévu peut réaliser tout cela en surgissant, imaginez tout ce que nous pourrions faire en le décidant, en le préparant, en le planifiant. Vertigineux...

Et le contestable de ce choix-là.

Chaque année, des millions de gens meurent de la pollution. Il est probable que l'arrêt de l'activité mortifère compense largement les morts du Covid-19, plutôt des personnes âgées ou affaiblies par d'autres pathologies. En France, chaque année, 67 000 personnes meurent prématurément de la pollution de l'air. On a aussi beaucoup parlé des suicides, des violences conjugales, du confinement d'enfants maltraités et des victimes de la crise économique à venir… des morts par confinement. Alors bon, incontestablement, il y a eu un choix. Le choix de décider que cette maladie était importante, qu'on devait lutter. Mais pas contre le paludisme. Pas contre la pollution. Et peu importe les morts par confinement. Pourquoi ce choix ?

L'occasion était trop belle, elle est absurde.

Alors que nous étions en train de prendre conscience du probable de l'improbable, de l'extrême possibilité d'un inattendu dans nos jolies projections, alors que nous pouvions vérifier que nous ne maîtrisons rien, nous avons sauté sur l'occasion pour démontrer que nous maîtrisions. Confinement, plan de guerre, rassurez-vous tout est sous contrôle. Le Covid-19 est une chose, le plan déroulé derrière en est une autre.

L'occasion était trop belle. Dans un contexte de mondialisation fragilisant, retour à la souveraineté. Dans une époque de maladies « civilisationnelles » contre lesquelles la médecine est assez désarmée, voilà une belle épidémie ciblée qu'on allait pouvoir attaquer scientifiquement. Le génie de l'être humain allait reprendre du poil de la bête. À une ère de fragilisation du pouvoir, l'occasion était trop belle d'affirmer l'autorité centrale. Une exhortation à « l'union nationale » pour entrer en « guerre » contre un ennemi gérable (pensions-nous)…

Non, nous ne sommes pas « en guerre », en dehors de la guerre méthodique que nous menons contre le vivant. Mais cette guerre-là on préfère l'ignorer, elle nous met du mauvais côté. Parce que oui, l'idée de la guerre c'est toujours d'être du bon côté.

Un ennemi, enfin un ennemi…

Plus cette histoire déroulait et plus je retrouvais ce que j'avais étudié « froidement » des mois durant et notamment « la logique d'ennemis complémentaires » pensée par la résistante et ethnologue Germaine Tillion. Les ennemis sont complémentaires parce que quoi de plus commode qu'un ennemi pour être quelqu'un de bien ? Quoi de plus dédouanant qu'un contexte de « guerre », tout est permis, même le confinement du droit… Quoi de plus fédérateur, ensemble au nom de la vie, enfin surtout contre la mort ? Enfin contre la mort de certains. Enfin c'était plutôt la guerre contre l'afflux vers les hôpitaux sous-armés. On a bien compris que la guerre exigeait son effort de guerre, mais qu'il était demandé surtout à certains, tandis que les autres seraient plutôt soutenus par l'État. Pour Air France, ce sera des milliards tout de suite, pour l'hôpital, ce sera des mois de négociation. Les premières lignes et l'effort de guerre…

La logique de guerre permet deux oppositions scélérates. Faire peser un soupçon sur la liberté au nom de la sécurité. Confondre obéissance et responsabilité. Et donc plonger les citoyens dans une profonde infantilisation. Alors tout naturellement vint la délation un peu partout, le vol de masques par des citoyens anxieux, des États qui resquillent entre eux, le rejet des personnels soignants, une milice de citoyens brûlant les habitations et véhicules d'une ZAD, un préfet réquisitionnant les chasseurs pour surveiller les habitants… Voilà ce que l'on récolte à ne pas faire confiance à la responsabilité de chacun, à les mettre en mode « guerrier ».

Pour mon précédent essai, j'ai étudié la période de la Collaboration parce que je pensais que l'enjeu de l'époque était la soumission aux ordres, à la résignation, à la servitude volontaire, ces vulnérabilités tragiques nourries par la peur et les jeux d'infantilisation. On y était et je ne pensais pas que cela arriverait si vite.

Ce que j'avais aussi appris, c'est que les périodes tragiques nous convoquent, pour le pire mais également pour le meilleur.

Que c'est à ce seul endroit que certains, certaines vont se révéler, révéler la grandeur dont est capable l'être humain. Et cela aussi on l'a vu. Le président allemand a eu une autre position, très juste. Il a dit : « La pandémie n'est pas une guerre mais un test d'humanité. »

Nous étions convoqués. Oui, nous sommes en test d'humanité mais comme nous le sommes chaque jour, simplement la période a fait loupe. Depuis des années, j'essaye chaque matin de me convoquer. Je me demande : « Qu'est-ce que je veux faire de mon vivant ? » J'ai eu ces dernières semaines la sensation que nous étions nombreux à nous interroger. L'urgence de vie, l'importance de nos choix, je les sentais en cours d'intégration, doucement, pas comme lors d'une vraie guerre mais peut-être comme une répétition générale.

Les périodes tragiques nous convoquent. Paradoxalement, elles nous permettent également de prendre conscience de la profonde liberté et responsabilité qui sont les nôtres. Inaliénables.

Cette impression de liberté retrouvée, certains l'ont touchée du doigt avec le confinement. C'est encore dans les propos de Germaine Tillion qui a été incarcérée pour fait de résistance puis déportée à Ravensbrück, que j'ai appris que l'on pouvait être libre en milieu contraint. Combien on n'éprouve jamais autant qu'en milieu contraint, à quel point nous sommes libres. Cérébralement, je l'avais compris, et même je pensais l'avoir saisi viscéralement parce que je me sentais liée à elle, comme dans un grand inconscient collectif ayant encapsulé les expériences de cette femme. Là, toutes proportions gardées, j'ai comme elle ressenti une forme d'enfermement. Pour divertir ses compagnes de camps, elle écrivait des opérettes afin de stimuler cet espace de liberté. Nos pensées, nos rêves, nos insolences sont les seuls espaces sans limites, sans interdictions, où la liberté est inaliénable. Dans nos petites routines fixes en milieu contraint, nous avons découvert à quel point nous pouvions insérer du mouvement et de la liberté.

Sauf que cela ne peut durer qu'un temps. La liberté a besoin de se déployer, du vivant, d'être éprouvée.

Nous avons compris à quel point nous avions besoin d'exercer nos libertés qui trop souvent ronronnent. Et tant mieux, car la liberté meurt de ne pas être exercée. À chaque fois que l'on nous assiste, que l'on nous infantilise, nous perdons la pratique de la liberté et même son goût. Car la liberté, c'est faire des choix. Il nous faut gagner en pratique régulière pour qu'elle nous alerte quand cela est nécessaire. J'espère que cet épisode nous dévoile nos démissions ordinaires, l'abdication indolore. Qu'il nous fait entrevoir que si on en est là, à cette obéissance qui nous est demandée, c'est parce que nous avons failli avant, à la désobéissance légitime. Que si nous avions refusé le saccage du système de santé, la fuite de nos productions à l'étranger, la captation de nos terres, les traités mondiaux qui nous aliènent, alors l'histoire serait différente. Et d'ailleurs, ce que l'on a aimé furent des désobéissances en séries, hors du cadre, des désobéissances au repli : ouvrir son logement au personnel soignant, le Portugal régularisant les migrants, les Irlandais aidant les Indiens, les repas pour les sans-abri, réappropriations de l'espace public, plantations sauvages de comestibles, des trocs sans TVA, des écoles dans la forêt, des marchés parallèles dans un garage pour soutenir des producteurs bio en danger de mort alors que leur marché avait été interdit... Ce n'était pas ce qu'on attendait de nous. Mais nous, c'est peut-être ce que l'on attendait pour reprendre place.

Ces échappées de liberté, ces affirmations de nos humanités sous confinement, cela ne peut durer qu'un temps.

Nos corps ont besoin d'habiter l'espace. Un besoin désespéré de nature, de cours d'eau, de forêts. Physiquement, nos cellules l'appellent.

Et puis nos vies ont besoin de risques. De passion autrement que par séries Netflix interposées. Combien de temps pouvons-nous vivre infantilisés avec les gestes barrières en propagande dix fois par jour ? Prenons garde à l'appel d'air.

Nous avons besoin de retrouver l'air libre mais aussi notre intimité. Alors que nous étions confinés, protégés dans nos maisons, appartements, ces sphères privées étaient profanées. La propagande entrait dans notre intimité. De notre hygiène, à nos comportements, nos relations sociales, ce que nous achetions, comment nous devions éduquer nos enfants, les nouveaux mots que nous devions employer, l'injonction à se cultiver, la répression de l'activité physique… c'était une profanation de l'intime jusqu'à notre lien à la mort de nos proches. Bizarrement, la seule chose qui est restée en dehors du radar des injonctions fut l'alimentation. Alors même que l'on sait que les défenses immunitaires d'un corps en sont la plus belle arme. Bizarrement pas un mot… Ce n'est pas en cultivant un terreau de paix préventif que l'on favorise l'adhésion à la logique de guerre.

Synchronicité encore, j'ai écrit il y a quelques mois un passage sur ce verbe : intimer. Nous intimer de faire quelque chose, c'est une violation de l'intime. Nous ne sommes fondamentalement pas faits pour entendre des injonctions, notre intégrité n'en sort pas grandie. Notre confiance en meurt. Les mots… tout est dans les mots. La violence comme la vérité.

Un test d'humanité plutôt qu'une guerre…

Question d'angle de vue, question de choix. Le « test d'humanité » est plus porteur, galvanisant. Et c'est bien cela le sujet. Je préfère cette histoire. Je suis convaincue que personne ne détient une vérité absolue, mais que chacun croit à l'histoire dans laquelle il a décidé de vivre. Ceux qui nous gouvernent ont décidé que l'on vivrait dans la peur et aussi dans l'impression que l'on nous protège, que l'on nous protège malgré nous... nous les irresponsables, les fragiles, les menacés... Question de point de vue. Ce n'est pas l'histoire à laquelle j'ai décidé de croire.

En toute subjectivité, j'ai décidé de croire que ce temps suspendu était bon, malgré mon absence de revenu, la crainte pour ceux et celles qui seraient confinés sous violence potentielle, malgré des situations préoccupantes, les inégalités, malgré l'écœurement pour la délation, les milices... Que malgré tout cela, ce temps était bon. Comme la souffrance, que j'éprouve à cause de ce qu'on inflige au vivant et aux êtres humains, ne m'a pas empêchée de croire que ce monde pourrait être bon. C'est l'histoire dans laquelle j'ai décidé de vivre et celle-ci me fait agir autant qu'elle me fait du bien. Je sais qu'elle me fera grandir. Pas l'histoire guerrière. Depuis des années, j'ai décidé de vivre dans un monde où on grandit d'être traité en adulte, un monde où affranchis, autonomes, nous serons bien plus préparés qu'infantilisés, assistés, prétendument protégés.

La question n'est pas ce que l'on a appris, mais plutôt ce que nous avons décidé d'apprendre. Depuis que j'ai compris il y a des années que ce qui changeait réellement le monde était les utopies, je me suis intéressée aux croyances qui encombrent notre imaginaire et inhibent nos capacités à penser autre chose. Alors naturellement, paresseusement, j'ai failli écrire un texte sur tout ce à quoi nous devrions « décroire » pour renouveler le terreau, se préparer à germer différemment. Décroire à un système économique, une mécanique politique, décroire à des peurs, décroire en notre impuissance, décroire à la fatalité.

Et puis, j'ai compris véritablement pourquoi je me sentais sereine pendant cette période, parce que j'étais une incroyante, j'avais la foi.

Passer des croyances à la foi est sacrément libérateur. Pourtant cela paraît contre-nature, tant nous sommes conditionnés à croire, depuis tout petit. Je précise que ces deux mots n'ont pour moi aucun sens religieux, même si j'imagine qu'il y a des ponts.

Les croyances sont de l'ordre du mental, elles viennent d'autorités, de la majorité ou d'un groupe qui a notre confiance. Les croyances exigent notre croyance, sous couvert de rationalisation et de démonstration de légitimité. Ce ne sont pas des vérités évidentes, elles sont contestables, simplement elles sont largement partagées, elles soudent notre ciment social. Elles nous rassurent. Parce qu'au fond nous ne voulons pas savoir, nous voulons croire. La foi, elle, n'a rien à voir avec le mental.

La foi est au niveau du cœur. Le cœur ne croit en rien, il sait, il vit. La foi est intérieure, les croyances, elles, s'imposent depuis l'extérieur. Les croyances agitent les peurs, sabotent nos intuitions. La foi ne doute de rien. La période suspendue nous a permis de vider les caches mémoire, les réservoirs à croyances, de se débarrasser de ce qui masque notre intuition, notre foi, en ce for intérieur, si fort quand on l'écoute.

Cette écoute est très exactement ce qui nous fait passer « le test d'humanité », ce qui distingue les gens qui agissent spontanément dignement quand le tragique les convoque, quand les fragilités humaines ressortent. Ce qui fait la force des résistants pendant la guerre, des gens qui ont aidé les migrants pendant cette période ou sont allés prêter main-forte dans un Ehpad ou encore ceux qui n'ont pas succombé à la délation ou à la trouille. Ils et elles s'écoutent. Ces

« héros ordinaires » disent tous que ce n'est pas du courage, c'est juste évident. La foi en l'être humain, la foi dans le fait que nous sommes une famille interreliée, que ce qui te touche me touche, et puis la foi en son pouvoir personnel, en sa lumière.

On nous apprend à douter de notre intuition, de nous, de l'humain. À douter de ce que personne ne nous a jamais appris. C'est logique, la foi prive les instances régulatrices de leur pouvoir, celui d'imposer le cadre partagé, ce pouvoir absolu sur ce qu'il serait bon de faire, de penser, de ressentir.

Les croyances cérébrales effectivement ne passent pas le test du tragique. Elles se disloquent au moindre drame. La croyance vole en éclats au contact de l'inéluctable. La foi elle, en est amie. Le for intérieur une boussole. Le baromètre des croyances est la peur, celui de la foi est la joie. Les deux surgissent sans crier gare. Une façon assez simple de savoir où l'on est. Une peur, des croyances à déconstruire. Les reconnaître quand elles surgissent, c'est déjà se libérer, jusqu'à pouvoir les évacuer. Chacun sent ces moments parfaits où l'on sait. On ne sait pas pourquoi, comment. Parfois on sait même que ça nous dépasse, mais on sait. On sent. Une certitude spontanée. La juste intuition qui nous fait du bien et fait du bien au monde.

Ma sérénité pendant cette période, c'est peut-être mon tempérament d'utopiste. Un utopiste a foi en nous, en ce que nous pourrions être. Un utopiste reste fixé sur ce qu'il veut voir advenir, il ne doit pas trop s'attarder sur les perturbations, il sait que la route est chaotique et les vents contraires. Il sait également guetter, identifier, se réjouir de toute lueur en faveur de son utopie. Sans céder au risque de se penser arrivé. Non ce n'est pas le Grand Soir. Que le monde que l'on veut voir capoter subisse un revers ne veut pas dire que celui que l'on soutient a pris l'avantage. Ce ne sont pas deux vases communicants.

Ce que sait surtout l'utopiste, avec une intuition imparable, c'est que son utopie est légitime, essentielle, que c'est le futur qui lui parle, le futur tel qu'il devrait être. Le monde vient simplement de nous le rappeler avec force. L'appel d'air.

Auteure, cofondatrice des Éditions La Mer Salée, prospectiviste au sein d'Alternité et conférencière, Sandrine Roudaut questionne et expérimente depuis vingt ans l'émergence d'un autre monde. Elle a publié L'Utopie : mode d'emploi *sur les freins au changement, les pièges du développement durable, l'inspiration radicale et* Les Suspendu(e)s *sur la force des utopies, les désobéissants, la soumission à l'autorité et la question du bonheur dans l'engagement. En septembre 2020, elle publie son premier roman d'anticipation,* Les Déliés, *l'histoire d'un monde qui bascule. Une vision combative et lumineuse d'un autre avenir possible, à rebours des scénarios apocalyptiques. Parce qu'elle est convaincue que l'Histoire changera en changeant les histoires que l'on raconte. Elle anime également des ateliers d'utopie d'être.*

De l'intérêt d'une économie du vivant pour comprendre et traiter nos problèmes actuels

Par Patrick Viveret

La pandémie actuelle et la sortie du confinement conduisent les différents acteurs politiques, mais aussi économiques, à prendre en compte d'autres critères que les indicateurs marchands traditionnels (coût, productivité, rentabilité, emploi…). Parmi ceux-ci, des critères sanitaires, écologiques, sociaux sont de plus en plus utilisés car ils apparaissent déterminants, voire vitaux. Tel est le cas de la sécurité sanitaire aujourd'hui. Ce pourra l'être de la sécurité écologique demain face à des risques liés au dérèglement climatique.

Pour autant, ces nouvelles approches sont souvent purement conjoncturelles (avec l'espoir que l'on reprendra le cours économique antérieur dès que possible) et empiriques : on bricole de nouveaux critères, mais il n'y a pas de véritable approche théorique de l'économie elle-même sur laquelle appuyer ces critères ou ces indicateurs.

Le paradoxe Midas

Prenons un exemple simple pour comprendre la différence entre ce qui compte et ce que l'on compte (en argent la plupart du temps). Imaginons que la Terre soit une boule d'or (ou d'argent) au lieu d'être composée de terres, d'océans, de faune, de flore et d'une atmosphère respirable. Apparemment, ce serait une richesse phénoménale. Mais la vie n'aurait jamais pu y apparaître, ni la vie dans son ensemble, ni la vie consciente sous forme humaine ! C'est ce que l'on pourrait appeler « le paradoxe Midas » du nom de ce roi mythologique ayant demandé à Dionysos la faculté de transformer en or tout ce qu'il touchait, ce qui l'avait conduit, son vœu ayant été exaucé, à se retrouver dès lors assoiffé et affamé puisque toute eau ou toute nourriture se transformait instantanément en or à son contact !

La plupart du temps, cette contradiction n'est pas relevée, mais dès qu'une difficulté majeure apparaît, par exemple, dans l'actuelle pandémie, entre les exigences de l'économie et celles de la santé, on la voit se manifester nettement. C'est aussi vrai des enjeux écologiques tels le problème du dégagement excessif de gaz à effet de serre, les grandes pollutions ou les atteintes à la biodiversité qui, la plupart du temps, sont à la racine de flux monétaires enregistrés positivement dans les comptabilités qu'elles soient publiques (PIB) ou d'entreprises.

Écologie et éthique au cœur de l'économique

C'est pourquoi on voit réapparaître chez nombre d'économistes, mais aussi de comptables ou de spécialistes de la fiscalité, l'importance d'une double réintroduction, au cœur même de l'approche économique : d'une part celle de l'écologie et donc du rapport au vivant, d'autre part celle de l'éthique et donc de l'importance du discernement sur la question fondamentale du bénéfique et du nuisible. Il est significatif à cet égard que deux économistes récemment interrogés lors des Matins de France Inter aient introduit cette clé d'analyse dans leur propos. C'est ainsi qu'Anne-Laure Kiechel, une spécialiste de la dette, indiquait que le problème était moins le niveau de la dette que celui de sa qualité. Elle distinguait ainsi « une bonne dette » qui servait à investir dans une économie soutenable de biens et services écologiques et sociaux d'une « mauvaise dette » servant à financer des activités non utiles, voire dangereuses. Et son collègue, économiste à l'Observatoire français des conjonctures économiques (OFCE), Éric Heyer, questionné sur l'annonce par le directeur de Sanofi qui réserverait un éventuel vaccin contre le Covid-19 d'abord aux Américains qui l'avaient financé, contestait cette logique en considérant que la santé relevait des règles du « bien commun » et non des lois du marché.

Il nous faut donc revenir sur les racines même de l'économie et son lien souterrain mais aussi conflictuel avec l'écologie et l'éthique.

L'origine du crédit : la foi en la vie

Ainsi, quand le système monétaire et financier a l'air de fonctionner normalement, c'est en réalité parce qu'il s'appuie souterrainement sur un processus plus profond qui n'est pas celui de la monnaie, encore moins de l'or ou de l'argent (pour les raisons évoquées d'emblée), mais sur le processus même de la vie. C'est en effet ce processus qui permet de croire qu'une richesse à venir est vraisemblable et qu'il est donc possible de fonder le mécanisme du crédit, fondé comme son nom l'indique, sur la confiance, voire la foi, dans ce futur de la vie. C'est cette foi-confiance en la vie future qui va permettre une création monétaire qui, vue de la seule monnaie, a l'air de sortir miraculeusement d'un chapeau, comme c'est le cas actuellement avec les banques centrales et leur politique dite de « Quantitative easing » (assouplissement quantitatif). Notons que c'est aussi le cas pour la création monétaire des banques commerciales – régulées certes par les banques centrales – mais qui ont ce pouvoir exorbitant du droit commun de créer de la monnaie, par le biais du crédit sous forme désormais informatique avec un ratio extrêmement faible par rapport aux dépôts qu'elles gèrent ou leurs fonds propres.

Pas de monnaie sans vie

Si cette confiance dans une vie à venir, créatrice potentiellement de richesses futures n'était pas assurée, si, pour revenir à notre premier exemple, la Terre était uniquement une boule d'or, aucune confiance en une création de richesse future (donc de remboursement, par exemple, d'un emprunteur) ne serait possible. Il n'y aurait certes pas besoin d'avoir recours à de la création monétaire (anciennement gagée sur l'or) puisque cet or serait par hypothèse en surabondance. Mais par contre, comme la vie n'existerait pas, il n'y aurait aucune richesse réelle et à venir permettant un usage de cette immense abondance d'or que l'on pourrait diviser en une infinité de pièces et de lingots sans pour autant que cela ait le moindre intérêt.

Il est d'ailleurs simple de vérifier ce phénomène en regardant la vie végétale ou animale qui n'a nul besoin de monnaie. Ce fut aussi le cas de la vie humaine elle-même pendant des millions d'années depuis l'apparition de l'homme jusqu'à Cro-Magnon (il y a environ vingt mille ans) bien avant l'invention de la monnaie, il y a environ seulement six cents ans. Bref, si l'on ne peut concevoir de monnaie sans vie, il a par contre été possible pendant très longtemps, et cela reste vrai encore aujourd'hui pour des milliards d'échanges humains non monétaires, de concevoir une vie sans monnaie. C'est d'ailleurs pour cela, notons-le au passage, que les milliards d'êtres humains qui reçoivent à peine un dollar par jour ne sont pas morts même s'ils rencontrent de vraies difficultés à survivre.

L'enjeu du « pouvoir de vivre »

Il nous faut donc repartir de la vie elle-même, des conditions à réunir pour un « pouvoir de vivre » comme le dit le pacte du même nom à l'initiative de Laurent Berger et Nicolas Hulot et des indicateurs prenant en compte une richesse réelle présente et à venir, richesse gagée en définitive sur ce qui compte et non d'abord sur ce que l'on compte.

Repartons donc, comme nous y invitait René Passet dans un livre anticipateur, *L'Économique et Le Vivant*, du « ré-encastrement » de l'*oikos nomos*, l'économie inventée par les Grecs il y a environ 2 500 ans et *l'oikos logos*, l'écologie, l'organisation du vivant et de la grande maison planétaire malheureusement mise en évidence beaucoup plus tardivement (et qui n'apparaît guère que maintenant comme enjeu conscient majeur).

Le problème de la valeur

Si l'on repart donc des deux briques de base présentes dans l'univers, l'énergie et l'information, et qu'on les applique à la comptabilité et à la monnaie, on voit apparaître la question centrale de la valeur au sens premier du terme qui signifie « la force de vie ». Le langage latin ou grec, beaucoup plus enraciné dans l'histoire longue que la langue du business anglo-saxonne du *value for money*, nous rappelle en effet que la valeur, sa préservation, sa création, son développement, a directement à voir avec la vie. Inversement le *value for money* nous renvoie à la contradiction initiale qui, comme l'indique le proverbe africain, souligne que l'argent (quel que soit son support : métal précieux, papier ou création numérique) ne se boit ni ne se mange (ni ne se respire d'ailleurs) !

La première comptabilité du vivant est donc celle qui répond à la question : en quoi ces activités sont-elles sources de création de force de vie ou au contraire de destruction ? Et la valeur ajoutée signifie alors : supplément de force de vie. Comme les deux sources de la valeur-force de vie sont la nature et l'humanité et que, dans les deux cas, elles résultent d'une combinaison d'énergie et d'information, on en arrivera rapidement à considérer, toujours avec le latin, qu'une activité créatrice de valeur est bénéfique (pour la nature et/ou les humains) et qu'elle conduit au contraire à la perte si elle est destructrice de la vie. Cet élément est tellement fondamental qu'il va être repris, en particulier dans l'Occident chrétien, sous un triptyque qui mérite d'être souligné et qui est celui du rapport entre économie du salut, comptabilité du salut et monnaie de salut.

Économie du salut, comptabilité du salut, monnaie de salut

Faisons ce bref retour historique pour en montrer l'intérêt pour penser nos problèmes actuels.

Quand j'ai conduit ma mission sur une autre approche de la richesse, j'ai eu l'occasion de retravailler sur les raisons pour lesquelles des termes comme bénéfices et pertes existaient dans nos systèmes comptables. Ils étaient en lien, en tout cas dans la culture de l'Occident chrétien, avec ce que l'on appelait alors l'économie du salut et la comptabilité du salut. À l'époque, la seule question importante, puisque la vie terrestre était brève et jugée de peu d'importance, était de réussir sa « vraie vie », c'est-à-dire sa vie éternelle, et surtout d'éviter la perte suprême radicale, celle de la damnation. Jusqu'à la fin du XIe siècle, l'économie du salut consistait donc à éviter cette damnation et la comptabilité du salut à développer des activités bénéfiques plutôt que maléfiques et donc risquant la perte radicale. Et c'est pourquoi aussi viendra après « l'invention du purgatoire » (Jacques Le Goff) la première économie circulaire du salut permettant le rachat des péchés, grâce à la monnaie de salut que constituaient les indulgences.

Le retour de la question du salut en économie

En quoi ces questions, qui peuvent paraître purement historiques et théoriques, nous intéressent-elles aujourd'hui ? Parce que la question du salut fait retour, notamment (ou précisément ?) à travers les enjeux écologiques et sanitaires. On pourrait dire, en résumant d'une formule le remarquable ouvrage de Max Weber *L'Éthique protestante et l'Esprit du capitalisme,* qu'après être passé de l'économie du salut au salut par l'économie nous avons de nouveau affaire, mais cette fois sous forme laïque, au retour de la question du salut au cœur de l'économique.

Ainsi, un indicateur comme le produit intérieur brut (PIB) ne nous renseigne pas sur la nouvelle question centrale du salut pour l'humanité qui est : sommes-nous en train d'avoir des activités bénéfiques, créatrices de valeur-forces de vie pour nous-mêmes et nos écosystèmes vitaux ou sommes-nous au contraire en train de les détruire ? Non seulement il ne nous renseigne pas sur cette question vitale, mais il nous donne des informations mensongères en comptant positivement des activités dangereuses ou destructrices : celles des ventes d'armes, de drogue, des industries fossiles, par exemple. C'est pourquoi toute « relance » qui se contente de projeter à l'avenir des activités dangereuses pour les humains et leurs écosystèmes est inconcevable. C'est aussi pourquoi il nous faut profiter de la période actuelle pour mettre en cause des indicateurs comme le PIB (cf. la commission Stiglitz-Sen-Fitoussi) et ouvrir, au moins en Europe, un débat sur des normes comptables inspirées des modèles de comptabilité anglo-saxons favorisant la spéculation. Sur ce point, il n'est pas sans intérêt de rappeler que le plus grave des péchés mortels avant l'invention du purgatoire était l'usure et le prêt à intérêt puisqu'il s'agissait du blasphème suprême : attribuer à l'argent un pouvoir proprement divin, celui d'être créateur dans le temps, par le biais des intérêts composés. Or, l'une des causes majeures de nos crises contemporaines est celle du gonflement démesuré de la sphère spéculative qui finit par constituer un risque de perte irrémédiable pour l'humanité. Bernard Lietaer, ancien haut responsable à la Banque de Belgique, rappelait ainsi que plus de 95 % des transactions financières quotidiennes ne correspondaient pas à de l'économie réelle, en particulier du fait de ce qu'on appelle le « trading algorithmique ».

De même la monétarisation d'indulgences qui, comme leur nom l'indique, correspondaient à une monnaie de pardon et de réconciliation susceptible de « racheter les péchés », a conduit à une perte de confiance massive dans la papauté qui a utilisé ce subterfuge pour renflouer ses caisses. Ce fut le grand schisme du protestantisme, donc une grande crise de crédit, car c'est aussi bien la confiance que la foi qui se trouvaient ainsi ébranlées. Cette question, on l'a vu, n'est pas seulement historique. C'est pourquoi il me semble que l'on ne peut dissocier ces questions monétaires et financières, ni de leur dimension écologique, ni de leur dimension éthique, voire spirituelle, et, bien sûr, politique puisque c'est le politique qui doit délibérer de ce qui fait valeur pour une société.

La situation présente

Dans la situation présente, il nous faut d'abord noter que les gouvernements ont été obligés empiriquement de procéder à une forme de retour à une économie et à une comptabilité du salut en rapport avec la logique du vivant. Quand on découvre tardivement que des professions de soin sont indispensables et devraient être davantage valorisées, c'est bien ce qui se passe. Et c'est la même chose pour le rôle de professions comme les éboueurs, les femmes de ménage ou les aides-soignantes, qui relevaient davantage des premiers « de corvée » que de cordée. De même, lorsque le gouvernement publie des cartes pour la sortie du confinement, il est conduit à le faire à partir de critères de sécurité sanitaire alors que s'il appliquait des principes de rentabilité économique, il ne s'embarrasserait pas de ces précautions. On retrouve la même évolution lorsque l'on conditionne des aides d'État aux compagnies aériennes au fait qu'elles baissent leur dégagement en CO_2. Mais tout ceci se fait de manière empirique et risque d'être purement conjoncturel, ce qui créera de nouveaux risques pour une prochaine crise sanitaire ou écologique.

Il nous faut en réalité aller beaucoup plus loin dans l'ambition : exiger que tout euro créé, garanti ou prêté par des pouvoirs publics à quelque niveau que ce soit (Europe et BCE pour la zone euro, État, BPI, CDC, au niveau national et collectivités territoriales – régions, départements, communes) soit conditionné d'une part à des *investissements de transition*, de l'autre à des *investissements de reconversion.* Si nous voulons éviter en effet que des sommes considérables soient mobilisées pour faire repartir un modèle productiviste et être confronté demain à de nouvelles fractures écologiques, sanitaires et sociales aussi graves ou plus graves que l'actuelle pandémie, nous aurons perdu sur les deux tableaux : celui d'un endettement massif et celui d'un gaspillage de ces sommes alors que nous en avons impérativement besoin pour réussir la grande transition, vitale pour le devenir de nos sociétés. C'est dire que les investissements d'avenir se doivent d'être cohérents avec cette grande transition écologique, sociale, sanitaire. Ce sont alors des milliers de milliards d'euros qui seraient ainsi conditionnés par cette double évaluation. Cela suppose évidemment un fort débat démocratique portant d'une part sur les secteurs à préserver et à développer du côté des investissements de transition ; d'autre part sur ceux que l'on ne doit pas maintenir en l'état et qui devraient alors bénéficier d'investissements de reconversion.

Dans ce second cas, les investissements devraient prendre en compte non seulement les réorientations d'activités possibles pour l'agriculture, l'industrie ou les services concernés mais aussi, bien sûr, les offres de formation et de reconversion pour les personnes dont les emplois seraient alors menacés. Bien sûr, l'un des énormes problèmes de cette transition, c'est que des secteurs entiers de l'économie productiviste ne pourront être sauvés dans l'agriculture, dans l'énergie, dans l'industrie, dans le tourisme. Ce seront des millions d'emplois qui seront alors menacés. Plutôt que de conduire cette mutation de manière sauvage, au détriment des personnes concernées, c'est au contraire une raison supplémentaire pour prévoir dans l'affectation de ces financements une part considérable (sans doute au moins la moitié) qui soit réservée à la reconversion vers les emplois d'avenir. Un revenu de transition écologique devrait alors être versé aux personnes concernées.

Il faut en outre prévoir quand ces reconversions s'avèrent impossibles (cas de personnes trop âgées ou qui ne se sentent pas capables d'opérer ces reconversions) le versement, là aussi, de ce revenu de transition écologique et le maintien de la totalité de leurs droits sociaux.

Il faudrait également un plan massif de reconversion professionnelle vers les activités de transition écologique et de formation initiale en direction des jeunes générations pour qu'elles s'inscrivent tout de suite dans ces nouveaux métiers, l'utilisation du revenu de transition écologique avec les structures d'accompagnement et de financement nécessaires (et l'économie sociale et solidaire (ESS) a ce qu'il faut en la matière), mais aussi la mise en place d'un revenu social de base à un niveau acceptable pour celles et ceux qui ne pourraient accéder à ce type de mesure mais à qui serait proposé l'implication dans des activités utiles pour la collectivité et pour eux-mêmes…

On le voit, ce qui est fait aujourd'hui sur un mode empirique et conjoncturel doit donc devenir progressivement systémique et structurel : tel est l'axe essentiel de la réforme proposée.

L'enjeu des nouveaux indicateurs de richesse

Il nous faut donc repartir des conclusions essentielles de la commission Stiglitz-Sen-Fitoussi et construire un référentiel qui, d'un côté, enregistre toutes les activités jugées bénéfiques – même si elles ne donnent pas lieu à l'émission de flux monétaires, telles la plupart des activités bénévoles – et de l'autre, les activités jugées « nuisibles » même si elles génèrent des flux monétaires importants : l'économie du crime, de la drogue, l'essentiel des ventes d'armes, par exemple. Il ne s'agit pas là d'une opération hors de portée puisque la plupart des données statistiques existent et qu'il s'agit donc d'abord de procéder à un « retraitement » sur la base d'éléments qui, rappelons-le, sont déjà mis en œuvre empiriquement. On le voit, par exemple, avec ce que des économistes ont appelé « les regrettables » pour les activités dangereuses écologiquement ou humainement, mais génératrices de flux monétaires. Il s'agirait donc de prolonger les courbes et les indicateurs de fait qui ont déjà été mis en œuvre pendant la pandémie ou dans des situations de risques majeurs au cours des années récentes : canicules, inondations, cyclones, « mégafeux », etc.

On pourrait demander à des organismes comme l'Insee ou Eurostat de préparer un premier référentiel à soumettre au Parlement européen et aux parlements nationaux. Il serait utile, dans cette perspective, d'utiliser des outils tels les budgets-temps de l'Insee dont l'information est plus vaste et profonde que les informations issues des comptabilités nationales.

Un système de points positifs et négatifs ?

Sur cette base, les assemblées démocratiques pourraient commencer à mettre en place un système de points positifs et négatifs qui déclencherait du coup une fiscalité de type bonus-malus que l'on pourrait également commencer à généraliser. Toute activité jugée bénéfique, car créatrice de valeur-force de vie, serait ainsi notée positivement – par exemple, sur une échelle de 1 à 10 – et toute activité nuisible le serait négativement sur une échelle inverse. Afin d'intégrer les enjeux d'« insoutenabilité », on pourrait convenir qu'en deçà d'un seuil négatif fort (par exemple -7), ce n'est plus seulement la fiscalité qui « désinciterait » par des malus mais la loi qui les interdirait. On retrouve là un élément déjà présent à travers les taxes, les amendes et les lois, mais qui trouverait dès lors une véritable assise démocratique.

À l'inverse, quand des activités semblent avoir un caractère bénéfique au-delà de toute quantification, donc de toute notation, on pourrait convenir qu'elles soient notées +10, par exemple, afin de manifester qu'au-delà d'un certain seuil, c'est le qualitatif qui l'emporte sur le quantitatif.

Redonner leur sens aux mots

Un tel système de comptes reprend au fond le sens réel des mots qui correspond aussi largement au bon sens. Il s'appuie par ailleurs largement sur toutes les approches novatrices de ces dernières années : les nouvelles approches comptables (triple comptabilité Care, comptabilité sociétale, verte, universelle, etc.), la multiplication de labels, des critères de responsabilité sociale et écologique (RSE), des référentiels issus de l'économie sociale et solidaire ou de l'économie de la fonctionnalité et de la coopération, des entreprises à but social, des contrats de transition écologique, etc. Il s'appuie donc sur une forte innovation sociale, citoyenne et entrepreneuriale, mais il leur donne une influence beaucoup plus grande et les sort d'une certaine marginalité ou d'une pure utilisation en termes de communication (tels les bilans RSE, responsabilité sociétale des entreprises, par exemple). On peut d'ailleurs demander à toutes ces porteuses et porteurs d'innovations de participer à l'élaboration du nouveau système ainsi décrit qui devrait bien sûr être régulièrement renouvelé par les assemblées démocratiques en lien sans doute avec la nouvelle « chambre du futur » proposée notamment lors des travaux de la Convention citoyenne pour le climat.

Pour la plupart de nos concitoyens qui ne fonctionnent que dans l'économie réelle et non spéculative et pour lesquels la question importante est de savoir si le solde de leur compte est positif ou négatif, cela ne créerait aucune perturbation négative. Cela améliorerait en revanche leur situation puisqu'ils gagneraient des points positifs à l'occasion d'activités bénéfiques jusque-là ignorées telles les activités bénévoles. Seuls seraient touchés négativement par ce système les acteurs qui profitent de l'économie destructrice et de l'économie spéculative, les deux ensembles étant très fortement reliés par le poumon des paradis fiscaux.

En outre, une fois mis en œuvre, ce système permettrait à la fois l'échange présent entre points positifs (le bon côté des marchés), l'échange dans le temps (l'épargne et l'investissement de points positifs à venir) et la fiscalité bonus-malus. L'attribution de points positifs – à l'instar de ce que font les banques centrales et les banques commerciales avec la création monétaire actuelle – serait réalisée par les organes démocratiques du niveau local au niveau national. On peut l'imaginer et la proposer aussi à l'échelle européenne avec le Parlement européen en s'inspirant des objectifs officiels de priorité au développement soutenable de la Commission et du Parlement européens. La même démarche pourrait être entamée à l'échelle planétaire en s'appuyant sur les dix-sept Objectifs de développement durable (ODD) des Nations unies et leurs indicateurs.

L'enjeu démocratique

Ici, du coup, nous touchons un aspect essentiel de cette approche qui est la nécessité absolue de son caractère démocratique. Si l'on instaure un pouvoir de noter et d'enclencher des conséquences positives ou négatives en fonction de cette notation (grâce à la fiscalité et à la loi) il est en effet essentiel que ce pouvoir ne soit pas confisqué par un système despotique, voire totalitaire, comme c'est aujourd'hui le cas en Chine avec le mal nommé système de « crédit social » qui est, en fait, un système de contrôle social généralisé. Cette question est donc essentielle et le rôle de l'évaluation démocratique, c'est-à-dire le pouvoir de délibérer sur ce qui fait valeur, au sens de force de vie, est déterminant.

Deux précautions importantes doivent donc être prises si l'on veut éviter les risques du type contrôle social chinois ou leurs équivalents, par exemple, dans des sociétés régies par un fondamentalisme religieux.

La première précaution est celle du caractère démocratique et décentralisé de l'évaluation qui attribue les points positifs et négatifs ainsi que les possibilités d'appel et de modification permettant d'affiner cette évaluation et de la situer au plus près du terrain. Par exemple, le référentiel national peut être corrigé en fonction des informations plus fines émanant des territoires et le nouveau référentiel élaboré quelques années après peut, lui, largement se fonder sur la remontée de ces informations plus fines : celles venues des municipalités, des départements et des régions si l'on prend un critère territorial ; celles remontant des secteurs professionnels si l'on adopte aussi cette approche transversale. On retrouverait là un mécanisme proche, dans son esprit, du Commissariat général du Plan, organisme de dialogue social élaborant les critères d'une planification indicative. Mais, dans ce cas, les critères seraient tant écologiques que sociaux et les acteurs invités à en délibérer sensiblement plus nombreux.

La seconde précaution essentielle, c'est qu'un tel système doit se combiner en tension dynamique avec le système économique actuel. Cela permettra de préserver une large zone indifférenciée où l'on laisse toute la zone intermédiaire entre ce qui est clairement bénéfique et ce qui est clairement nuisible (la zone jaune entre la zone verte et rouge si l'on reprend une cartographie simple). Cette zone continuera de fonctionner sur la base des règles actuelles du marché. Seul (mais ce seul change beaucoup de choses !) le retraitement d'activités bénéfiques non comptabilisées monétairement et d'activités clairement nuisibles comptabilisées positivement sera du coup modifié.

Au pire, cela ne changera donc rien pour la plupart des gens, par contre, en valorisant leurs activités bénévoles, cela leur permettra une amélioration sensible de leur niveau de vie (terme bien préférable à celui de pouvoir d'achat).

Une autre voie à ouvrir pour l'Europe

Je prends en compte cependant l'objection majeure qui ne manquera pas d'être faite à une telle proposition, surtout au regard des risques que la notation chinoise fait peser sur les libertés. Ce point est en effet essentiel, mais il est du même ordre que celui auquel nous sommes confrontés, par exemple, quand l'Europe cherche à promouvoir un usage soutenable des nouvelles technologies de communication, une approche responsable de la révolution du vivant ou tente d'ouvrir une troisième voie entre les tendances hypercapitalistes destructrices de Trump et de Bolsonaro et les logiques autoritaires d'autres régimes en Europe et dans le monde.

Cette approche cherche à redonner à l'Europe, sur le plan économique, une ambition essentielle, car elle vise à proposer une nouvelle conception de la géopolitique et de la sécurité mondiale. On voit bien aujourd'hui, à travers des initiatives telles la création d'un conseil de sécurité écologique, puis d'un conseil de défense sanitaire dans un pays comme la France, que c'est la notion même de sécurité et de défense qui doit se transformer. C'est la même chose à l'échelle planétaire et mondiale et l'on voit bien aujourd'hui l'absurdité des sommes colossales qui sont consacrées aux ventes d'armes et aux armes de destruction massives telles les armes nucléaires ou biologiques. Reconvertir ces sommes au profit d'activités et d'investissements qui assurent la sécurité effective de l'humanité et sa capacité à vivre sur une planète préservée est donc essentiel.

C'est donc dans ce grand chantier d'une voie alternative possible, et à l'hypercapitalisme et au néo-totalitarisme, qu'il faut placer ces propositions qui se fondent sur une approche démocratique prenant en compte pleinement les exigences écologiques et de solidarité.

Les reconversions nécessaires

Prenons quelques exemples pour faire comprendre cette approche.

Toutes les activités qui relèvent aujourd'hui d'un consensus empirique sur le fait qu'elles sont bénéfiques seraient créditées d'un ensemble de points positifs ouvrant des droits à des biens et services classés eux-mêmes dans cette catégorie positive. Par exemple, une personne dans une activité de soin recevrait des points lui permettant de se fournir en produits bio (double notation positive du côté des activités personnelles et des secteurs jugés bénéfiques). En revanche, si les secteurs qui sont jugés dangereux sont notés négativement (zone rouge), les personnes qui y travaillent seraient, elles, en zone jaune afin de ne pas les pénaliser tant qu'une reconversion ne leur est pas proposée. C'est un point important si l'on veut éviter de pénaliser des personnes travaillant dans des secteurs ou des activités qui doivent être transformés (les emplois liés à des activités bancaires spéculatives, aux énergies fossiles et nucléaires, aux industries de l'armement, du transport aérien, voire à la part du tourisme écologiquement dangereuse...).

On voit qu'un gigantesque chantier d'évaluation démocratique verrait ainsi le jour et modifierait en profondeur le processus démocratique lui-même puisque les temps électoraux seraient, dans cette perspective, des temps privilégiés pour l'élaboration de ces notations.

Il s'agit donc bien, on l'aura compris, de réintroduire l'éthique et l'écologie dans l'économique, mais de le faire dans un cadre démocratique.

Patrick Viveret, philosophe et essayiste, a été aussi conseiller maître à la Cour des comptes et a conduit, entre 2000 et 2002, une mission sur « les nouveaux facteurs de richesse » pour le gouvernement Jospin. Son rapport paru en 2010 Reconsidérer la richesse *est disponible à la Documentation française.*

Qui sommes-nous sous nos masques ?

Par Arnaud Riou

22 mai 2020

Un cuisinier m'expliquait que, pour faire cuire des grenouilles, plutôt que de les plonger dans l'eau bouillante, il préférait les tremper dans l'eau froide et monter les plaques à feu doux. De cette façon, les batraciens restent tranquilles. Sous l'effet de la température, leurs membres s'alourdissent peu à peu. La chaleur paralyse leurs efforts. La cuisson est progressive. Les grenouilles ne se rendent presque compte de rien. Elles se sentent vite tellement ankylosées qu'elles acceptent leur sort. Il est bientôt trop tard pour qu'elles cherchent à s'échapper, vidées d'énergie, elles se soumettent et se laissent mourir sans même s'en rendre compte.

Il en est de même de nos comportements. Il arrive que par glissement, ou par habitude, nous adoptions des attitudes qui, profondément, ne nous conviennent pas. Il arrive que, par lente soumission à l'autorité, nous cédions notre libre arbitre, notre discernement, notre liberté et notre dignité, sur l'autel de la résignation en nous pliant à des règles qui n'ont aucun bon sens et ne correspondent à aucune de nos valeurs. Notre enthousiasme s'amenuise, comme s'amenuise notre capacité à penser par nous-mêmes, à sortir du rang, à créer le monde qui répond à nos aspirations.

Nous aurons passé cinquante-cinq jours confinés. Chacun plus ou moins confortablement. Résignés ou révoltés, anxieux ou sereins. Certains ont continué à se rendre à l'usine ou à l'hôpital comme on se rend sur le front. D'autres ont installé leur ordinateur et quelques dossiers dans leur bureau de campagne établi dans leur chambre à coucher – le télétravail s'est imposé dans les foyers, comme s'est imposée la continuité pédagogique à des parents obligés de se replonger entre deux *conf-call*, dans le calcul de l'aire d'un parallélogramme, le volume d'un cylindre ou le théorème de Thalès en supportant la télé qui gave le plus jeune privé de parc et de copains. Il a fallu réinventer les règles du vivre-ensemble au sein des cellules familiales souvent affectées, parfois comme un jeu, parfois comme un drame. Certains ont fermé les verrous, d'autres bravé les interdits en sortant par la petite porte. Certains ont souffert de la solitude, d'autres n'ont pas supporté la compagnie de leurs enfants, de leur compagnon. On ne nous aura laissé qu'à peine plus d'une journée pour nous préparer pour un temps indéfini : remplir le réfrigérateur ou faire confiance à l'avenir ? Se confiner ensemble ou séparément ? Avec cette même question pour tous : le confinement va-t-il servir à quelque chose ?

Pendant cinquante-cinq jours, chacun s'est retrouvé chez lui, dans son ermitage ou dans sa prison. Chacun a hiberné au milieu du printemps dans la maison de bois, de paille ou de brique qu'il s'est construite avant la tempête. Une période qui s'inscrira dans l'histoire, tant elle aura bouleversé nos comportements. Rapidement nous avons accepté, avec plus ou moins de résignation, de remplir un formulaire pour aller faire nos courses, un autre pour aller travailler. Nous avons accepté que des drones policiers survolent nos villes, que des hélicoptères interpellent des randonneurs isolés, que des gendarmes sortent de l'eau des véliplanchistes. Nous avons admis qu'il était dangereux de marcher seul en forêt ; que des chasseurs prêtent main-forte à la maréchaussée pour déloger les réfractaires au milieu des sous-bois.

Nous avons renoncé aux visites à nos parents dans les Ehpad. Dans les cas les plus dramatiques, nous nous sommes limités en nombre jusque dans l'organisation des obsèques de nos proches.

Les villes semblaient en état de siège. On nous avait annoncé que nous étions en guerre. Et toute guerre génère son envie de vaincre, mais aussi ses généraux et ses troufions, ses héros et ses victimes, ses injustices, son goût de la lutte, de la résistance, de la solidarité ou de la collaboration et de la délation et des petits calculs mesquins pour survivre.

Cinquante-cinq jours, et puis nous sommes ressortis, pas à pas, un par un, en maintenant nos distances. En tentant de comprendre ce qu'était le *déconfinement ciblé et dynamique*, en tentant de mesurer cent kilomètres à vol d'oiseau, sur nos GPS, en fonction de la couleur de nos départements. Sommes-nous à ce point devenus fous ? Un nouveau repère pour illustrer un nouveau monde : des masques pour cacher nos visages. Ces masques que certains arborent avec fierté comme un signe d'engagement ou d'invulnérabilité et que d'autres se refusent à porter en signe de résistance à la bêtise ou de confiance en l'immunité. Ces masques blancs, noirs ou colorés, made in France ou made in China, jetables ou piqués à la machine par des grands-mères généreuses. Ces masques que tant d'aides-soignantes, d'infirmières ont demandés à cor et à cri et qui traînent déjà dans les caniveaux. Ces masques que certains changent méticuleusement à chaque utilisation quand d'autres les enfoncent dans leur poche avec leur vieux mouchoir, ou les suspendent comme des trophées sur le rétroviseur de leur auto. Que se passe-t-il derrière nos masques ? Cachent-ils notre sourire ou notre méfiance ? Tant d'entre nous se croient protégés derrière ces quelques centimètres de tissu.

Comment sortirons-nous de cette crise ? La trouille au ventre ? La trouille de l'autre, du virus, de l'autorité, d'une nouvelle forme d'emprisonnement ? D'un complot ? Ou confiants en un nouveau monde à créer ensemble ? Accepterons-nous sans discuter ce vaccin déjà attendu par tant comme un remède miracle et craint par d'autres pour ses effets secondaires, sa teneur en aluminium et les scandales qui déjà l'accompagnent. Accepterons-nous ces lois liberticides ? Le traçage numérique, la délation ? Et jusqu'où ?

Saurons-nous nous souvenir du cadeau offert à la Terre en réduisant par notre confinement le niveau de la pollution et des gaz à effet de serre de 8 %, là où les G21 nous encourageaient en vain à ne le baisser que de 1 % depuis des années ? Polluerons-nous de nouveau nos mers et nos rivières qui commençaient à respirer ? Saurons-nous entendre le message de l'écologie ? Cinquante-cinq jours. Comment en sommes-nous arrivés là ? Qu'est-ce qui nous enferme le plus ? Les injonctions paradoxales d'un gouvernement dépassé par les événements et qui tente de maintenir l'illusion de contrôler, ou nos propres peurs ?

Vivre masqué

Depuis vingt-cinq ans, j'accompagne les hommes et les femmes pour mieux incarner leur potentiel, développer la confiance en eux et gagner en autonomie spirituelle, émotionnelle et matérielle.

À travers les stages que j'anime, les conférences et les colloques auxquels je participe, les livres que j'écris, j'explore le fonctionnement de nos émotions, de nos croyances limitantes. Je cherche à comprendre ce qui nous enferme, pour partager ce qui nous libère. J'accompagne chacun à tomber le masque, la cuirasse, la peur de l'autre, à incarner sa propre vérité.

Cette voie m'amène à explorer quotidiennement la méditation pour nous relier à notre essence et comprendre le fonctionnement de nos émotions, de nos projections. J'explore aussi l'alimentation, les voies alternatives de guérison, la permaculture, pour maintenir nos écosystèmes vertueux et durables ; les nouveaux modes de gouvernance, l'économie régénérative et circulaire pour créer un monde en lien avec nos valeurs profondes.

J'ai pu observer à quel point toutes ces approches sont reliées les unes aux autres. Lorsqu'une personne commence à vraiment prendre soin d'elle, lorsqu'elle veut reprendre sa vie en main, c'est parfois à la suite d'une lecture, d'un choc, d'un burn-out, d'une maladie, d'une dépression. Le processus de résilience est souvent le même : la personne apprend à poser ses limites, à écouter davantage son intuition, à faire confiance à ses ressources et sa capacité de discernement. Elle commence à se respecter. Elle réajuste souvent ses relations. Progressivement, elle s'autonomise, prend soin de son corps, se discipline, privilégie une alimentation saine et équilibrée, est plus attentive à ses lectures, filtre les informations auxquelles elle a accès, améliore sa communication, devient progressivement actrice de son changement, de sa santé, de son métier, de sa vie. Il est fréquent qu'elle change de mode de vie ou de profession pour vivre d'un métier qui corresponde à ses valeurs. Il est fréquent ensuite qu'elle ait envie elle aussi de changer le monde, qu'elle se mette à son compte, rejoigne une association, un mouvement alternatif. Lorsque nous savons prendre soin de nous, nous avons naturellement envie de prendre soin de l'autre.

Nous nous épanouissons et sommes prêts à accomplir des efforts, lorsque nos actions quotidiennes sont connectées à un idéal, à des valeurs, à une spiritualité, à un but.

Par mes activités, je rencontre, tout au long de l'année et partout dans le monde, autant des leaders spirituels de différentes traditions, des yogis, des hommes médecine, que des chercheurs en neurosciences, en physique quantique, en écologie, en économie, des enseignants, des soignants, mais aussi des managers, des dirigeants qui cherchent à donner plus d'éthique à leur management. Je suis aussi quotidiennement en contact avec des hommes et des femmes qui souffrent dans leur vie de ce manque de cohérence, d'inspiration, de vision. Cela les rend souvent malades, déprimés, découragés.

Depuis trois ans, je suis attentif à un nouveau symptôme : j'accompagne de plus en plus de managers en entreprise, victimes de l'un des fléaux du siècle : le *brown-out* que l'on pourrait traduire par *manque de motivation lié à la perte de sens*. Cette affection pour l'instant cataloguée dans la sphère professionnelle est liée à un management par l'absurde, à une recherche obsessionnelle d'efforts sans partage des valeurs, à la sensation de ne pas savoir où l'on va, ni le pourquoi de nos efforts. Ce syndrome toucherait jusqu'à 54 % des salariés dans les grandes entreprises françaises, selon l'Institut national de recherche et de sécurité (INRS), et coûterait chaque année pas moins de trois milliards d'euros.

Lorsque nos leaders sont incapables de transmettre et de partager une vision éthique et motivante, lorsque leur management manque de générosité, de transparence, ou de congruence, lorsque les salariés perçoivent que les efforts qu'ils fournissent ne viennent que satisfaire l'avidité de quelques-uns, ils perdent tout goût de s'investir. Ils perdent en motivation, multiplient les erreurs et l'absentéisme, et développent de nombreuses pathologies.

Les entreprises qui sont épargnées par ce fléau et qui, même pendant la crise, ont maintenu leur cap éthique, sont celles où les managers affichent clairement leur direction, sont transparents dans leurs injonctions, intègrent l'éthique, l'équité, l'équilibre social, le partage, l'écologie, sont eux-mêmes modèles d'inspiration, ont une vision holistique qui entraîne chacun. Les salariés sont investis car ils sont face à un management cohérent et congruent.

La nature humaine est prête à faire des efforts, si elle est consciente que ces efforts serviront une cause qui lui est chère : la santé, l'équité, l'écologie. Nous sommes, par exemple, facilement enclins à trier nos déchets si nous constatons que nos actes contribuent à une meilleure écologie et que cela améliore la qualité de notre environnement quotidien.

Nous sommes également tous prêts à suivre un leader. Il en existe deux types : les leaders de compétence et les leaders d'opportunité. Dans la nature, les chevaux vont suivre une jument qui sait où trouver de l'eau. Les singes sont prêts à suivre un mâle dominant qui défend physiquement le clan. Ce leadership de compétence est relativement bien accepté. Et puis, il y a le leadership d'opportunité. Les leaders d'opportunité agissent souvent pour des intérêts cachés. Ils tiennent leur place à une opportunité, politique ou circonstancielle, manquent de transparence, souvent de compétence, multiplient les erreurs ou les mensonges, les injonctions paradoxales. Ces leaders-là provoquent la soumission aveugle, ou toute forme de révolte des plus surprenantes aux plus violentes. La crise révèle les uns et démasque les autres.

La crise révèle la nature de nos leaders, aussi bien dans le gouvernement que dans nos entreprises et même au sein de nos cellules familiales. Il suffit d'un peu de discernement, d'observation et d'intuition pour la reconnaître.

Certaines sociétés ont profité de la crise pour procéder à des licenciements brutaux ; certaines ont continué à distribuer des dividendes indécents aux actionnaires alors que les salariés étaient plus inquiets que jamais sur leur avenir. D'autres se sont battues pour maintenir les emplois et se sont montrées plus solidaires que jamais. La crise révèle les natures. Certaines personnalités politiques, scientifiques, artistiques, ont humblement offert leur compétence, leur temps ou leur énergie au plus grand nombre, quand d'autres ont tenté d'étaler leur ignorance, leur arrogance et leur mépris et de se maintenir en place sur les plateaux de télévision pour justifier une autorité arbitraire, imbécile, et fragilisée de toute part.

C'est le manque de sens, de cohérence, de congruence qui nous rend malade, inquiet, défaitiste et soumis. C'est le manque de vision à long terme qui nous aveugle dans nos actes quotidiens et nous encourage à nous rebeller ou à nous soumettre.

Sois le changement que tu veux voir dans ce monde

Lorsqu'un environnement, une réforme ou une société ne nous conviennent pas, il existe sensiblement trois voies pour y réagir.

• La première consiste à critiquer le pouvoir en place, qu'il s'agisse d'un gouvernement, de la direction d'une entreprise ou d'une autorité, ou même d'une cellule familiale. Cette voie cherche à bouleverser le pouvoir en place, à s'y opposer, à le renverser, ou à le faire changer de cap. C'est la voie des manifestations, des révolutions, des grèves. Cette voie, parfois violente, est pratiquée par des manifestants, des activistes qui ne se remettent pas en question et sont prêts à tout pour faire plier l'autre.

• La deuxième consiste à changer notre regard sur cet environnement. C'est la voie de la méditation, du yoga et de toutes les voies spirituelles qui nous encouragent à être plus zen, plus tolérant, à moins stresser, même si, comme le rappelait le sage Krishnamurti : « Ce n'est pas signe de bonne santé que de savoir s'adapter à une société malade. » Je remarque du reste que beaucoup d'entreprises font appel à ces approches spirituelles dont ce n'est pas la vocation, en programmant des sessions de méditation pour que les salariés acceptent plus facilement un environnement par ailleurs hautement toxique. L'enfer est pavé de bonnes intentions.

• La troisième voie, enfin, s'inspire de la voie chamanique et des sagesses anciennes selon lesquelles le monde extérieur est une fractale de notre monde intérieur. Pour changer le monde, nous devons dans un premier temps en changer les représentations. En travaillant sur nos propres croyances, notre environnement change. Ce n'est pas en nous soumettant à une autorité, aussi liberticide et paternaliste soit-elle, que nous nous sentirons profondément sécurisés, mais en renforçant la confiance en nous, source de pouvoir et d'enthousiasme. Ce n'est pas en confiant aveuglément et sans discernement notre santé à des spécialistes dont nous comprenons de moins en moins le langage ou la logique que nous nous maintiendrons en bonne santé, mais en comprenant en profondeur les causes de nos souffrances, de nos blessures et de nos pathologies et en modifiant nos modes de vie pour les rendre moins toxiques. C'est en ayant foi en nos défenses naturelles, en étant acteurs de notre alimentation, en intégrant les principes fondamentaux de l'énergie vitale, que nous développerons notre immunité. En changeant d'habitudes alimentaires, nous influençons les circuits de distribution et la qualité de notre alimentation. Cette troisième voie invite non pas à s'opposer au système en place, mais à en créer un nouveau qui rende le précédent obsolète. Cette dernière voie se déroule en trois étapes : l'égocentrisme, l'ethnocentrisme et le mondocentrisme. Dans un premier temps, on s'accorde soi-même à se changer (égocentrisme) puis, on œuvre pour améliorer la paix et l'abondance dans sa famille, dans son entourage (ethnocentrisme) et, naturellement, on devient enclin à changer le monde (mondocentrisme). Il serait vain de vouloir changer le monde sans se changer soi-même.

Le confinement n'est que la face visible d'une transformation bien plus profonde. La crise que nous vivons depuis quelques années n'est pas une crise, mais une mutation, ou l'opportunité d'une mutation. Un vieux monde s'effondre, un autre semble s'éveiller.

Une crise est conjoncturelle, une mutation est systémique. Elle intègre tous nos systèmes : notre système de santé, nos systèmes de croyances, mais aussi nos systèmes économiques, écologiques, scientifiques, éducatifs, culturels et spirituels. L'approche holistique nous apprend combien tous ces systèmes sont reliés et pose la question à un moment ou à un autre de notre relation au pouvoir. Moins nous ressentons notre pouvoir d'action à partir de nos valeurs, et plus nous cherchons à le prendre sur les autres, ou plus nous laissons l'autre le prendre sur nous, ce qui contribue au même mouvement de perte de liberté, d'identité, de manipulation, de répression, de soumission ou de révolte. Retrouver sa liberté, c'est déjà méditer sur la loi d'interdépendance, chère au bouddhisme, qui explore combien nous sommes tous liés les uns aux autres et combien tous les systèmes sont interconnectés, à la loi de l'impermanence, qui nous rappelle que tout est amené au changement, et à la loi de causalité qui nous rappelle que chaque cause produit un effet et chaque effet produit une cause. Ainsi, pas de victimes, pas de bourreaux, nous sommes tous acteurs et responsables. Nous sommes la société, nous sommes Un.

Si nous percevions hier comme une gentille allégorie le fait que les battements d'ailes d'un papillon dans le sud de l'Amazonie puissent avoir un effet sur la fonte des glaces en Alaska, nous avons compris aujourd'hui avec violence que la consommation d'un pangolin dans un marché de Wuhan a des conséquences sur la consommation de papier hygiénique dans les pays européens et sur le cours du baril de pétrole dans les pays arabes.

Dans cet ancien monde qui s'effondre, nous nous sommes trop souvent contentés d'apporter des réponses localisées et spécifiques à chacune de ces micro-crises en faisant parler les spécialistes et en segmentant ce qui pourtant, par essence, est lié. Le management par la terreur ou l'oppression semble apporter une réponse mais génère tant d'autres micro-crises auxquelles il nous faudra répondre demain.

Nous avons accepté relativement docilement le confinement, ou l'assignation à résidence, l'origine officielle du virus, les masques. Mais avons-nous pris le temps de méditer ou de nous interroger en profondeur sur notre santé, notre système immunitaire et notre responsabilité ?

Si, par exemple, la santé est une valeur clé et que nous souhaitons la défendre à tout prix, nous serons attentifs, non pas pendant la crise, mais tout au long de notre vie, autant à notre alimentation, à notre rythme de vie, aux soins que nous choisissons qu'à la préservation des forêts partout dans le monde, sources d'oxygène et écosystèmes vertueux. Quelle logique de se soumettre à des consignes sanitaires et de continuer à consommer des produits si chimiques, si dangereux pour notre santé ? Quelle logique, quelle congruence, de porter un masque pour se rendre dans un bureau de tabac, ou dans une grande surface pour faire le plein d'une nourriture pauvre, hyper sucrée et très chimique ?

La crise sanitaire que nous traversons est à l'image de notre système de santé. Morcelé, trop souvent infantilisant et en manque de pédagogie.

Pendant ces trois mois du printemps 2020, les ministres et les spécialistes se sont succédé pour égrener la liste des 300 000 morts dans le monde (au 20 mai). Ce chiffre nous impressionne d'autant plus qu'il est développé dans un climat de peur, qu'il est réactualisé quotidiennement, qu'on en donne le détail à chaque journal télévisé, qu'on le charge d'une telle dimension émotionnelle que nous sommes soudainement tous concernés. On le relativise si on admet que l'on y intègre les personnes âgées porteuses du virus, mais emportées par d'autres maladies. On le relativise si on apprend qu'il a été surévalué, comme déjà plusieurs pays le reconnaissent. On le relativise si on le met en pers- pective avec les deux millions et demi de personnes qui meurent de la faim et de la pauvreté chaque année, les sept millions qui meurent du tabac, les huit millions qui meurent de la pollution ou les onze millions de la malbouffe.

La congruence consisterait ici à utiliser les mêmes moyens de communication, de pédagogie, ou d'autres moyens plus autoritaires, pour préserver notre santé. Peu importe que notre santé soit menacée par un virus, un cancer du poumon, un ulcère à l'estomac, une maladie cardiovasculaire ou par la pollution. N'avons-nous rien compris des lois d'interdépendance, pour envoyer en Afrique, encore après la crise, des produits phytosanitaires produits en France et interdits en Europe ?

En quelques semaines, le langage du gouvernement s'est inspiré d'un vocabulaire militaire. Nous retiendrons que *nous sommes en guerre*. La guerre implique des généraux qui transmettent des ordres, des soldats qui risquent leur vie. Elle justifie tous les moyens. L'état martial, la privation des libertés. Elle exige le ralliement, l'obéissance aveugle, le musellement des opposants. Elle provoque aussi toutes les peurs. Les comportements irrationnels, la perte de repères, le manque de bon sens, de confiance en soi, d'intuition, l'abandon de notre libre arbitre. Un état de guerre permet au chef des armées d'imposer des lois liberticides qui se distillent naturellement dans le temps. Une nation dans la peur a besoin d'un véritable chef. Plus le chef est autoritaire, plus le peuple se soumet. Ou se rebelle. Mais souvent perd son libre arbitre, l'intelligence innée de son corps, sa santé globale. Une guerre génère aussi de la résistance, de la collaboration, de la délation. C'est sa nature, puisqu'en essence, nous entrons en guerre contre quelqu'un et non avec lui. Nous cherchons l'ennemi, nous cherchons à vaincre, à triompher, à mettre l'autre hors d'état de nuire, en nous concentrant sur l'autre, plutôt que de nous concentrer sur nous-mêmes.

Cette communication a enchaîné une multiplication d'injonctions paradoxales qui ont créé le doute et la division. Qu'il s'agisse de l'uti- lité ou de la disponibilité des masques, de la nécessité du confinement, de l'efficacité de traitements de prévention, nous avons entendu à peu près tout et son contraire. Qu'en sera-t-il demain lorsque nous devrons écouter notre intuition, faire preuve de prudence quant à l'utilité d'un vaccin, à sa nocivité, à la nécessité du traçage et à nos libertés individuelles ? Saurons-nous prendre de la hauteur, pour aborder notre santé dans sa dimension holistique et globale ? À qui pourrons-nous faire confiance pour choisir, accepter, se soumettre sur le fait qu'un traitement, qu'un comportement sont bons pour nous et pour la société ? Saurons-nous faire preuve de discernement pour analyser la situation dans son ensemble ? Saurons-nous écouter notre corps, notre instinct, comme le font les 500 000 espèces animales sur la terre au moment de se soigner. Aucune ne se laisse influencer par la peur. Chacune écoute son corps. Écouterons-nous les spécialistes ou aurons-nous suffisamment confiance en nous, pour nous rappeler qu'il s'agit de notre corps, de notre santé et de notre vie. Aurons-nous l'élan de suivre notre intuition, notre libre arbitre, assumerons-nous notre essentiel besoin de dignité ?

Qu'en sera-t-il de la gestion de la crise économique et finan- cière qui suivra obligatoirement la crise sanitaire ? Quand on nous annoncera qu'il faudra travailler plus pour rembourser les emprunts.

Saurons-nous vérifier par nous-mêmes ? Prendrons-nous le temps d'étudier en nous s'il existe un lien réel entre le bonheur et cette croissance tant présentée par l'exécutif comme seul remède à la crise ?

Ce confinement nous aura interrogés sur notre rapport à notre corps, à notre santé. Il nous interroge aussi sur notre alimentation, sur notre façon de consommer.

Qu'en sera-t-il de notre capacité à remettre en question, à créer, à inventer, à reprendre nos vies en main ? La gestion de la crise a mis en lumière des aberrations, des inégalités. Puisque nous sommes en guerre, il nous faudra avant tout comprendre que la peur est notre plus grande ennemie. Nous aurons besoin de retrouver notre bon sens, notre clarté d'esprit.

Continuerons-nous à accepter, alors que la France est le quatrième producteur européen de fruits frais, de consommer nos melons charentais provenant du Maroc ? Continuerons-nous à vanter les fraises bio produites toute l'année dans des serres surchauffées d'Espagne comme modèle d'écologie ? Ou tirerons-nous un peu par ce confinement des leçons de sagesse ?

Une société évoluée n'est pas une société où un tout petit nombre d'experts nous disent comment nous soigner, mais une société où le plus grand nombre se réapproprie son pouvoir pour incarner tout au long de l'année un mode de vie sain et conscient. Conscient que notre santé est notre premier capital et que c'est à chacun d'entre nous d'en prendre soin.

Il n'existe qu'un seul mot pour évoquer deux comportements radicalement différents : la *sagesse*. On dit d'un lama ou d'un yogi qui consacre sa vie à comprendre l'effet des émotions sur sa santé, on dit d'un naturopathe ou d'un herboriste, qui continue à étudier le bienfait des plantes et qui réussit toute sa vie à développer son immunité, on dit d'un homme ou d'une femme qui vit à la campagne, qui a réussi à établir une autonomie alimentaire qui lui rend plus suppor- table le confinement, on dit du philosophe qui remet en question ses certitudes, au lanceur d'alerte qui dénonce les aberrations, qu'ils sont *sages*.

On dit aussi à l'enfant turbulent qui accepte de se soumettre à une discipline radicale, dont il ne comprend pas l'objectif, à celui qui ne pose pas de question, qui sourit machinalement, qui baisse la tête et confie à l'autorité ce qu'il a de plus précieux : sa dignité, qu'il est *sage*.

Je fais ici le vœu que ce confinement nous ait appris la capacité à discerner laquelle de ces deux sagesses nous souhaitons désormais incarner. Notre avenir en dépend.

Citoyens, professionnels, êtres humains : l'heure du choix

Par Romain Cristofini

Les crises, dans la société où nous vivons, sont vraiment ce qu'on a trouvé de mieux, à défaut de maître, quand on n'en a pas à portée de la main, pour entrer dans l'autre dimension. Dans notre société, toute l'ambition, toute la concentration est de nous détourner, de détourner notre attention de tout ce qui est important.

Christiane Singer

Je crois que je ne pensais pas assister à ce moment de mon vivant : celui de l'ébranlement de notre société moderne jusque dans ses fondations. Celui de la naissance sous nos yeux ébahis d'une autre *réalité* et de cette période charnière où nous sommes appelés à *choisir*.

Comme beaucoup, je suis entré dans cette crise par un temps de sidération : tout ceci était-il bien réel ? Très vite est venue la peur pour ma santé et celle de mes proches. Avec Virginie, ma femme, nous avons mis en place les routines personnelles, spirituelles et familiales pour nous permettre de traverser cette tempête à la durée imprévisible.

J'ai alors pu commencer à vivre l'instant présent et à écouter à l'intérieur de moi. Le sentiment d'impuissance du début a cédé sa place à un espace plus lumineux, favorisé par les merveilles de la nature printanière (la générosité de mon potager, le parfum de mes roses que j'ai pris l'habitude de respirer presque chaque jour). Puis est venue l'espérance, comme un élan intérieur joyeux mais presque déplacé au vu du drame humain que vivaient certains.

Quelle chance incroyable… Depuis des décennies, l'humanité était embarquée dans un train lancé à une vitesse incontrôlable, avec le sentiment effrayant d'aller dans le mur sans même pouvoir profiter du paysage. Nous voici subitement à l'arrêt…

En nous faisant côtoyer la mort, le Covid-19 nous a remis brutalement au contact de la vie. Comme pour nous inviter au réveil. Avec lui se présente une opportunité inespérée de changer notre avenir, le cœur grand ouvert. Allons-nous la saisir ?

La réalité a changé de camp, l'humanité peut reprendre son destin en main

À genoux. Avec le Covid-19, la moitié de l'humanité s'est retrouvée à genoux, forcée à réfléchir (à re-fléchir).

Un simple virus nous a ramenés à notre condition d'homme : mortel. Nous étions atteints d'*hybris*, un petit virus nous a infligé une terrible leçon d'humilité, nous renvoyant à la même impuissance que celle qu'éprouvaient nos ancêtres devant des phénomènes naturels qu'ils ne comprenaient pas.

Dans cette leçon, les egos collectifs des nations en ont pris un coup. Celui de notre toute-puissance d'Occidental aussi. Le message est sans appel et doit être retenu : les catastrophes futures liées au dérèglement climatique seront probablement pires. Drapés dans notre confort moderne, nous l'avions oublié : nous sommes beaucoup plus vulnérables que nous ne le pensions.

Que pouvons-nous apprendre de tout cela ?

D'abord, cette découverte brutale : notre système socio-économique mondialisé peut donc chavirer en quelques semaines.

Le Covid-19 confirme ce que nous n'osions nous dire clairement : le développement basé sur le commerce total et global, enseigné depuis des décennies comme un dogme, est non seulement générateur d'aberrations (nous n'avons pas accès à des produits de base comme ces masques introuvables pendant des semaines) mais extrêmement peu résilient : la crise économique à venir s'annonce désastreuse.

Colosse aux pieds d'argile, notre modèle de développement est donc remis en cause. Et paradoxalement, cette situation nous fait prendre conscience que l'humanité peut aussi reprendre son destin en main.

Grâce au confinement, nous avons découvert que nous avions le pouvoir de réduire drastiquement nos activités humaines et nos rejets de CO_2, si nous le *décidions*. La catastrophe écologique n'est donc pas inéluctable.

Il y aura certes des changements significatifs à opérer dans nos modes de vie mais, avec des yeux ébahis, nous avons pu constater à quelle vitesse ils seraient récompensés si nous laissons la Terre respirer à nouveau. Je me souviendrai de ces photos satellites dégagées au-dessus des mégapoles chinoises, des eaux de Venise redevenues claires, du retour d'animaux normalement très discrets dans la garrigue de mon village. La nature reprend vite ses droits et semble prompte à nous offrir à nouveau ses merveilles dès que les activités humaines redeviennent raisonnables. Comme si animaux et végétaux étaient prêts à nous pardonner nos errements avec une immense bienveillance…

Durant le confinement, nous avons aussi compris qu'il était tout à fait possible de consommer (beaucoup) moins sans en être malheureux pour autant. Privés de magasins autre qu'alimentaires, nous avons pu constater que l'*homo economicus* en nous, celui qui accumule dans l'espoir de remplir son vide existentiel, n'est qu'un conditionnement social. En rangeant ma maison, j'ai constaté avec une certaine joie que je possédais déjà « tout ». « Le bonheur, c'est de continuer à vouloir ce qu'on possède déjà », a écrit saint Augustin.

Avec cette crise, j'ai aussi découvert avec stupéfaction qu'il est possible, pour soutenir l'économie et les revenus, de trouver des *centaines de milliards* d'euros presque du jour au lendemain. L'argent redevient donc ce qu'il est : une convention, un outil au service des hommes et non l'inverse. Désormais, et même si cela aura un coût certain pour les générations à venir, nos dirigeants auront du mal à refuser d'ouvrir le portefeuille pour l'hôpital ou la transition écologique.

Car voilà un autre des grands enseignements : l'économie n'est plus toute-puissante. Elle peut reprendre sa juste place dans notre société si nous le décidons : celle d'un moyen et non d'une fin. Un moyen au service du vivre-ensemble que l'on peut stopper net et réorienter si nos vies sont menacées.

Alors, oui, le principe de réalité a aujourd'hui changé de camp. Ceux qui pensaient qu'on ne pouvait pas arrêter la course folle de notre civilisation mercantile et matérialiste en sont pour leurs frais. Nous ne sommes pas prisonniers ni impuissants face à ce système. La nature et ce virus nous ont certes un peu aidé en appuyant sur le bouton « off » (nous en étions apparemment incapables seuls), mais nous avons maintenant les yeux grands ouverts.

Le changement de paradigme est donc à portée de main. Ce ne sera pas aux générations futures de faire les choix courageux mais à nous et dès maintenant.

Les réponses sont en nous

Je crois que ces cinquante-cinq jours de huis clos confiné auront marqué profondément tout être humain, à un niveau ou un autre, et qu'ils laisseront une trace indélébile dans notre inconscient collectif.

Les images de centres-villes déserts, d'autoroutes vides, de cieux sans avion resteront gravées dans ma mémoire comme les symboles d'une période inouïe où la nature nous a invités à nous retirer du monde pour le regarder à nouveau, avec un regard différent.

Le confinement a offert sur un plateau ce que la plupart des individus refusent de s'offrir dans leur vie souvent dominée par le travail : une brèche dans nos automatismes quotidiens et nos autoroutes de pensées, un break salutaire pour questionner le sens de notre vie et notre rapport à la vie.

Pour tous ceux qui n'ont pas cherché à se fuir eux-mêmes durant cette période, le confinement aura donc été une sorte d'épreuve spirituelle invitant à subir les maux du monde dans un face-à-face avec soi. Quand la mort rôde, l'essentiel ressurgit subitement car nous l'oublions trop souvent : les vraies réponses sont en nous.

Cette épreuve a notamment forcé tous les « actifs » (salariés, entrepreneurs, fonctionnaires) à se poser ces questions essentielles que nous cherchons souvent à esquiver : mon rythme de vie me convient-il vraiment ? Puis-je passer suffisamment de temps avec ceux que j'aime ? Mon travail a-t-il vraiment du sens pour moi , pour les autres ? Qu'ai-je aliéné malgré moi qui m'empêche de vivre l'essentiel ?

Beaucoup de mes amis ont partagé avec moi leur appréhension à déconfiner : cette partie de nous qui a goûté aux joies vraies du temps long ou d'un certain équilibre retrouvé renâcle à l'idée de les perdre à nouveau. Mais peut-être redoutons-nous autre chose encore : que le retour du quotidien nous confronte désormais encore plus durement à cette prise de conscience, qu'au fond de nous-mêmes nous aspirons à nous libérer de ces choses secondaires qui nous empêchent d'être pleinement vivants.

Mais dans cette introspection forcée, il n'est pas uniquement question de nous. Maintenant que nous savons que nos enfants, nos seniors et l'humanité dans son ensemble sont en danger imminent, nous ne pourrons plus faire taire aussi facilement cette petite voix qui nous dit : *si tu veux vraiment œuvrer pour le monde, il est temps de mettre toi aussi ta vie dans la balance*. Nos ancêtres l'ont fait avant nous pour des grandes causes comme la défense de la patrie, nous devons le faire à notre tour pour la survie de notre espèce et de nos écosystèmes.

Au cours de webinaires animés durant le confinement avec l'association des Leaders Éclairés, j'ai eu la chance d'entendre des centaines de femmes et d'hommes partager les espoirs qui naissaient en eux avec cette crise, ainsi que les freins intimes qui les empêchaient encore de s'engager pleinement dans la transition sociétale. En relisant les déclarations des participants sur le « mur » en ligne, deux choses m'ont frappé : l'envie de ne plus négocier avec soi-même et la décision d'agir maintenant.

Cette crise brutale nous aura donc aidés à retrouver un chemin vers nous-mêmes.

Dans les mois à venir, il se concrétisera je crois par le besoin impérieux de mettre de la cohérence dans nos vies et dans nos actes. Cohérence avec qui nous sommes, avec nos aspirations profondes, mais aussi cohérence entre notre métier et ce à quoi il participe réellement dans la société. Ceux qui feront le choix (conscient ou non) de refouler ces nouvelles exigences intérieures en souffriront probablement encore davantage. Les autres y trouveront l'ancrage ontologique d'un engagement nouveau et la joie de (re)devenir l'acteur d'un monde à naître.

L'interdépendance révèle notre fragilité, elle est notre avenir

Plus besoin de discours pour l'expliquer, nous en avons fait l'expérience *directe* : pour la première fois de l'histoire, nous prenons conscience de cette loi universelle d'interdépendance qui nous lie les uns aux autres et à la Nature.

Indiens, Chinois, Brésiliens, Occidentaux... Quatre milliards d'êtres humains ont vécu au même moment la même menace, la même peur de mourir. Jusqu'ici, nous, Européens, avions l'habitude de vite oublier un tsunami survenant à l'autre bout du monde, de considérer avec distance (et condescendance) les catastrophes lointaines de pays moins avancés que nous. Cette période est révolue. L'effet papillon nous explose au visage : un animal infecté vendu sur un marché en Chine peut changer le monde entier.

À un niveau conscient ou inconscient, cette crise aura donc modifié notre vision du monde. Ce que vit un Chinois ou un Indien, l'Européen le vivra aussi et réciproquement. Nous sommes bel et bien sur le même bateau planétaire. Dans le « système » Terre, les choix faits à un endroit de la planète mettent désormais en danger toute l'humanité. Nous ne l'avions pas admis avec le réchauffement climatique, le virus nous l'a fait comprendre dans notre chair.

Comme Ebola ou le Sida avant lui, le Covid-19 a franchi la barrière des espèces du fait de l'altération d'écosystèmes mettant en contact avec l'homme des espèces jusqu'ici éloignées et sauvages. Nous sommes donc aussi interdépendants de nos écosystèmes : les modifier ou les détruire n'est plus simplement regrettable, c'est devenu mortel.

Mais la redécouverte de l'interdépendance nous montre aussi le chemin de l'avenir.

Nous l'avons tous constaté : ce sont des valeurs altruistes comme la solidarité ou l'entraide qui nous ont permis de faire face. En pleine urgence sanitaire, les prouesses d'un footballeur semblent bien dérisoires devant le courage d'une infirmière. La société a tenu grâce à tous ceux qui, loin des mirages du paraître et du pouvoir, ont œuvré avec abnégation pour assurer les « communs » de notre société : soigner, éduquer, protéger, nourrir.

Durant le confinement, la fraternité a rejailli comme une évidence dans une société mise à l'épreuve. Un commerçant de mon village a cousu et offert des centaines de masques en tissu. Partout, et ce fut flagrant sur Internet, nous avons assisté à un foisonnement de prestations données sans arrière-pensée, si ce n'est celle d'aider et de se sentir utile. Des bénévoles se sont proposés pour assurer des permanences téléphoniques, offrir des conférences ou du coaching gratuit, porter des cageots de légumes… Nous avons fait sans le savoir l'expérience à très grande échelle d'une économie basée sur le don.

La crise nous aura aussi rappelé à quel point notre confort individualiste et matérialiste n'est qu'illusion : même avec Amazon et un compte en banque bien garni, je demeure dépendant de mon supermarché, des professeurs de mes enfants (bénis soient-ils !) et de ceux qui relèvent les poubelles le mardi. Sans l'*autre*, je ne peux subvenir à mes besoins de base.

Livré chaque semaine par le maraîcher de mon village, j'ai été rassuré de le savoir si proche. J'ai redécouvert le plaisir d'éplucher des kilos de patates. J'ai découvert cette évidence : la résilience ne peut venir que du « local ». Si nous voulons changer notre société, c'est à ce niveau qu'il faut maintenant redonner du pouvoir.

Liberté, je chéris ton nom : le réveil citoyen

C'est une prise de conscience inattendue et déstabilisante pour moi et elle se résume en un mot : liberté. Dans ma vie, j'ai toujours considéré la liberté comme un bien précieux mais allant presque de soi. Avec cette crise, elle m'apparaît tout à coup bien fragile. Attaché à la liberté de penser, je n'avais jamais compris que la liberté de se déplacer, elle aussi, était à défendre.

J'ai obéi aux mesures de confinement strict par citoyenneté et par respect des risques pour autrui. Les jours passant, j'ai commencé à détester remplir une attestation pour justifier le droit de sortir de chez moi. Irrité par cette procédure infantilisante, j'ai pris conscience qu'elle traduisait de manière flagrante la nature de la gouvernance démocratique de notre pays : une relation parent-enfant où le citoyen n'est plus considéré comme responsable et doit être soumis à des règles pour son propre bien.

L'assignation à résidence du confinement (doublée de surveillance policière et d'amende) m'a donc permis de toucher à nouveau ce non-négociable : la liberté n'est pas aliénable sous peine de perdre une partie de notre humanité.

Merci au confinement : me voici plus vigilant que jamais car je sais maintenant que la liberté est (re)devenue un enjeu majeur pour notre société. Lassé par les promesses politiciennes, j'avais fait le choix depuis longtemps de me concentrer sur les acteurs économiques susceptibles (selon moi) de contribuer davantage au changement sociétal. Ce faisant, je prends conscience que j'ai laissé à d'autres le soin de veiller à la défense de nos droits fondamentaux. Aujourd'hui, pour chacun d'entre nous, je crois que le citoyen, le professionnel et l'homme/la femme ne pourront plus être compartimentés. Ils doivent s'aligner dans une sorte de réunification identitaire (et psychologique) qui se matérialise en ce qui me concerne par un réveil vivifiant mais non dénué d'inquiétudes.

Car, avec peut-être une forme de candeur, j'ai perçu que nos dirigeants politiques n'avaient pas la même conception de la liberté que moi. Les mesures votées sans réel débat devant un parlement clairsemé sous prétexte d'urgence sanitaire (loi Avia contre les contenus haineux ouvrant la voie à une censure de masse sur Internet, suspension de la réglementation en vigueur rendant possible l'implantation d'antennes par les opérateurs de télécommunications sans aucune déclaration préalable, incitation des médecins à rompre le secret médical au prétexte de suivre les personnes infectées) en disent long sur la vitesse à laquelle nous pourrions, dans un futur proche, basculer sans coup férir dans une société de la surveillance que n'aurait pas reniée Orwell.

La crise accélère donc la chute du monde actuel pour mieux faire ressortir les différents chemins qui s'offrent désormais à notre humanité. Jamais les « forces en présence » ne s'étaient dévoilées à ce point. Les échanges sur les réseaux sociaux sont devenus plus violents. Le fossé entre ces derniers et les médias dits « mainstream » n'a jamais semblé aussi béant (parlait-on de la même crise ?). Jusqu'alors peu diffusées, les théories du complot se sont répandues auprès du grand public, comme si les dérives (réelles ou fantasmées) qu'elles décrivent n'étaient plus si fantaisistes que cela. Les futurs dystopiques n'ont jamais été aussi plausibles.

La tentation sécuritaire de nos gouvernants – qu'elle perdure ou non après le Covid-19 – nous aura donné un avant-goût de ce que peut être le monde de demain si nous n'agissons pas maintenant pour choisir une autre voie. En nous enfermant chez nous, le virus nous a invités à découvrir en « avant-première » l'un de ces futurs possibles peu réjouissants : coupés des autres, coupés de la nature, surveillés dans nos allées et venues, et censurés.

Au risque de tomber dans une pensée duale, voici le choix de paradigme qui nous est proposé et qu'a bien décrit le scientifique Marc Halévy : désirons-nous un futur technologique, normé et sécuritaire pour nous sentir protégés et pouvoir conserver à tout prix nos modes de vie actuels ou sommes-nous prêts à certains renoncements matériels pour refonder notre société sur des valeurs de frugalité, de solidarité, de spiritualité et de respect du vivant ?

Avec la crise, nous voilà désormais des millions à avoir vu et vécu ce qui est réellement en jeu : notre avenir en tant qu'humanité. À chacun, désormais, de se positionner. La célèbre citation d'Einstein résonne avec une force nouvelle : « Le monde ne sera pas détruit par ceux qui font du mal mais par ceux qui les regardent sans rien faire. »

Les entreprises doivent se mettre au service de la vie

Dans le monde professionnel aussi, la crise aura apporté son lot d'interrogations et d'enseignements. Comment pourrait-il en être autrement ? Du jour au lendemain, des millions de travailleurs ont vu leurs repères et leurs habitudes remis en cause : télétravail, absence de transport, devoirs avec les enfants, horaires chamboulés… La dissociation intérieure « schizophrénique » qui caractérise les actifs de notre époque a été sérieusement mise à mal : en travaillant à la maison, la frontière entre le professionnel et l'homme/la femme se fissure ; il devient plus difficile de refouler ces conflits de valeurs qui interrogent sur l'exemplarité sociale ou écologique de son entreprise…

Après cette expérience de confrontation intime, les entreprises pourront-elles demander à leurs collaborateurs de revenir au *business as usual* en gardant pour eux leurs questionnements existentiels et éthiques ?

Je fais partie de ceux qui croient en la puissance des entreprises – petites comme grandes – pour changer le monde. Très certainement violente, la crise économique qui s'annonce offre aussi l'opportunité inattendue de refonder en profondeur les projets d'entreprise pour renouer avec leur raison d'être première : participer au progrès de l'humanité. Un progrès à la fois matériel, humain, social et spirituel. N'est-ce pas cela une entreprise : une aventure humaine au service du mieux-vivre-ensemble ? La production des biens et de services n'est-elle pas, au fond, qu'un prétexte pour créer ensemble, se relier et s'accomplir en tant qu'êtres humains ?

Poussons plus loin le raisonnement. J'ai vu passer sur les réseaux sociaux une vidéo singulière et volontairement provocatrice : évoquant la fin future du transport aérien, ses auteurs proposaient de transférer dès maintenant les centaines d'ingénieurs qualifiés d'Airbus vers un projet agroécologique de grande ampleur. Les ingénieurs dans les champs… Le message sous-jacent était celui-ci : « Imaginez que cette somme d'intelligences brillantes occupée aujourd'hui à faire des avions soit mise au service d'une révolution agroalimentaire bénéfique pour tous… »

Les crises humanitaires et sociales liées au dérèglement climatique vont s'amplifier dans un présent très proche. L'urgence ne nous invite-t-elle pas à décider désormais quelles activités doivent survivre et lesquelles doivent mourir parce qu'elles ne participent pas à bâtir une économie soutenable ou nuisent à la planète ? L'histoire regorge d'entreprises ayant réinventé complètement leur modèle économique et leurs produits en quelques années.

Pour faire ces choix difficiles, la période d'extrême incertitude économique qui s'ouvre représente paradoxalement une chance pour les dirigeants d'entreprise. Pour tous ceux qui hésitaient à engager véritablement leur organisation dans cette transition radicale, tout devient ouvert car rien n'est plus certain… Ceux qui étaient prisonniers des exigences de leurs actionnaires peuvent désormais être audacieux : personne ne pourra leur dire qu'ils se trompent car plus rien n'est prédictible… Certains, comme le patron de Danone, l'ont déjà annoncé : il n'est pas question de ralentir la transformation de leur entreprise, il est au contraire indispensable de l'accélérer.

Le Covid-19 nous aura remis au contact de nos vies, il nous incite à mettre à leur tour notre travail et nos entreprises au service de la vie.

***

Au moment de clôturer ce chapitre, je ressens, dans cette période de déconfinement, que la pseudo-normalité du quotidien incite déjà mon esprit à poser un voile de doute sur l'ampleur et le sens des moments vécus. Comme si tout cela n'avait été qu'un mauvais rêve.

N'en doutons pas un instant : ce que nous avons vécu est extraordinaire. Cette crise a changé notre monde. Elle nous a réveillés. Le pire serait de se rendormir.

Parmi tous les enseignements que chacun peut en tirer, je crois que les élans du cœur et les appels de l'âme ressentis pendant le confinement sont les plus précieux. À chacun d'entre nous d'entretenir en lui cette flamme intérieure qui pousse à agir pour un futur meilleur.

Notre intellect sera encore pour un certain temps prisonnier des schémas du passé, il est donc désormais nécessaire d'agir en notre âme et conscience. Car lorsque nous sommes connectés à notre source, à notre âme et à notre cœur, nous retrouvons un espace de liberté où tout devient possible.

Romain Cristofini est entrepreneur, coach de dirigeants et conférencier. Pionnier du bien-être au travail, il crée en 2002 un cabinet de conseil qu'il cède douze ans après pour se « mettre en jachère » et renouer avec l'essentiel. En 2015, il fonde Monasterra et introduit en France les premiers séminaires-retraites de leaders et d'équipes de direction.

S'appuyant sur ces années d'accompagnement d'acteurs du changement, il publie L'Intelligence spirituelle au cœur du leadership *(Interéditions, 2019, préfacé par Frédéric Lenoir) et fonde la communauté des Leaders Éclairés, association destinée à rassembler et soutenir les décideurs d'entreprise désirant associer accomplissement personnel et spirituel et engagement dans la transition sociétale.*

Merci Crise[6] !

Par Thomas d'Ansembourg

Choc thérapeutique

Ce qu'un raisonnement intelligent et posé ne parvient pas à nous faire entreprendre, la crise, qui vient nous activer émotionnellement, peut nous y amener.

Nous sommes nombreux à faire le parallèle entre ce qui peut se passer dans nos vies individuelles et ce qui pourrait être en train de se passer sur le plan collectif. Sur le plan individuel, les thérapeutes constatent habituellement que nous n'entreprenons le chantier du changement de nos vies personnelles que pour deux raisons. Soit nous entrons dans le changement spontanément, parce que sommes attentifs à certains signaux et constatons que ce que nous vivons ne nous convient plus ; nous comprenons que nous aspirons à une autre façon de vivre, et nous acceptons de mettre alors en place un processus de transformation personnelle. Soit c'est la vie – la plupart du temps après nous avoir adressé des signaux que nous n'avons pas vus, selon la majorité des témoignages – qui vient nous bousculer par une rupture, une cassure dans nos fonctionnements : un deuil, une maladie, un accident, un licenciement ou une faillite. Ce choc de vie

6. Certains paragraphes sont extraits du prochain livre de Thomas d'Ansembourg, à paraître en octobre 2020 aux Éditions de l'Homme : *Notre façon d'être adulte fait-elle sens et envie pour les jeunes ?*

nous déstabilise, nous tire malgré nous hors de notre zone de confort, ce qui nous amène à nous remettre en question pour retrouver une assise intérieure plus sûre et plus stable, et nous ouvrir à une nouvelle façon de vivre.

Dans les deux cas, choix délibéré ou circonstance de la vie, nous allons chercher à savoir qui nous sommes vraiment, quelle est notre vraie personne au-delà du personnage connu, comment trouver notre fil rouge, nos vraies valeurs, et notre élan de vie propre. Nous serons amenés à identifier les systèmes de pensée et de représentation qui ont guidé nos priorités, conduit nos comportements et décidé de nos choix jusqu'ici, et comment nous ouvrir à d'autres systèmes de pensée et de représentation afin de pivoter intérieurement en élevant notre niveau de conscience. Nous nous impliquerons dans un travail de développement – souvent dit personnel – qui se révèle la clé du développement social durable auquel nous aspirons.

Faisons maintenant le parallèle avec ce qui nous arrive sur le plan collectif. Bien que tous les signaux indicateurs des dysfonctionnements manifestes de nos sociétés aient été en alerte depuis longtemps (des risques psychosociaux au réchauffement climatique, en passant par la surconsommation d'antidépresseurs, le décrochage scolaire et la chute de la biodiversité), nous n'avons pas collectivement et spontanément mis en place les changements nécessaires, pourtant clairement recommandés par notre sensibilité, notre intuition, ainsi que la raison et la science depuis des décennies. La crise sanitaire actuelle, avec ce qu'elle cause en mortalité, confinement, incertitude, angoisse et solitude, stress et épuisement pour tant de métiers, sans compter les faillites, déconfitures et toutes les mises au jour des faiblesses du système économique en place, constitue sans doute une cassure, une rupture, qui vient nous secouer profondément, afin de nous éveiller de nos transes hypnotiques individuelles et collectives, et nous inviter à élever notre niveau de conscience.

Nous sommes le nez sur l'aspect mortifère de nos systèmes de pensée, de nos certitudes et de nos croyances, et brutalement sommés de revoir nos priorités en démantelant les programmations inconscientes qui les ont établies. Ce n'est pas seulement que *ce qui nous a servis nous asservit*, mais que ce que nous avons mis en place, avec le projet de mieux vivre, à présent nous tue. Alors, on continue comme avant, ou on change ?

Symboliquement, en poursuivant le même parallèle, constatons que le confinement, en sus du choc, nous procure collectivement des conditions proches de celles que nous pourrions choisir si nous décidions d'entamer un travail de développement personnel. Ces conditions favorisent l'intériorité et ce pivotement intime au sein de soi-même qui permet de *se placer* autrement dans la vie : changement de rythme et d'habitudes, simplification et raréfaction des activités et distractions, ouverture à l'incertitude de l'emploi du temps et des priorités, conscience de la précarité et de la fragilité de la vie, confrontation à soi-même et aux limites de notre connaissance de soi du fait de la solitude ou de la grande proximité, temps pour « ne rien faire » et laisser émerger les questions essentielles sur la maladie, la mort, le sens de la vie et du vivre-ensemble, accueil de l'intuition profonde et de la créativité…

Merci Crise ! Personne n'aurait imaginé pouvoir tout immobiliser comme cela. Pas même pour des enjeux aussi cruciaux que le réchauffement climatique et les risques d'effondrement liés à la perte de la biodiversité. Soudain, tout s'arrête : rendez-vous, réunions, écoles, cafés, bureaux, embouteillages et pollution ! La chevauchée des choses à faire, qui s'enchaînent aux choses à faire, suspend sa course. La vie qui, à nos yeux, posait ses jalons de date en date et d'échéance en échéance, et dont nous confondions la consistance avec celle du programme, à quoi tient-elle tout à coup ?

Sans nier la tragédie de la souffrance, de la maladie et des deuils, l'angoisse, la solitude et la séparation, la proximité parfois intolérable, les frictions et violences familiales, sans ignorer les écroulements économiques de tant d'activités libérales, artisanales et commerciales, nous pouvons voir, lire et entendre que la crise apporte aussi son lot de bienfaits, que nous sommes nombreux à espérer durables, en matière de prise de conscience sur des enjeux essentiels à la vie et au vivre-ensemble. Ce qui est le sens de cet ouvrage collectif. Voyons-en au moins sept, parmi tant d'autres.

Désormais, je m'ancre

Premier cadeau de la crise :

nous sommes **tous reliés et vulnérables**. Dans un même bateau, ce qui arrive à l'un tôt ou tard concerne l'autre. Il n'y a pas de « Moi, je vais par ici » et de « Toi, tu restes par-là » : il y a « nous » qui vivons du même air et de la même eau ! « Notre maison brûle » n'est pas une figure de style. Ce que les écologistes, qui tiennent à ce que chacun prenne soin de la maison (*oikos*), s'échinent à faire passer comme message depuis des décennies, un petit virus pourra-t-il en quelques mois l'inscrire dans la conscience de nos dirigeants ?

Et la mort n'est pas une hypothèse : c'est un élément du cycle du vivant, dont nous nous étions peut-être laissé déconnecter dans le quotidien du citadin hors sol. La voici à nos portes, nous rappelant que la vie est précaire et précieuse, et que nous sommes invités à en prendre soin délicatement tous les jours.

En tout cas, voici l'occasion d'ancrer davantage en nous cette conscience-ci :

> « Désormais, l'attention à la vie, qui est fragile et précieuse, je l'honore tous les jours. Et notre interrelation planétaire m'habite encore davantage ; je me relie à ce "nous tous, tout le monde vivant", je m'y réfère dans mes choix, je l'intègre dans mes réflexions et méditations ; je contribue ainsi par ma conscience

à nourrir le réseau invisible qui rassemble les acteurs du changement et à cocréer ce nouveau paradigme qui rend inévitablement l'ancien obsolète. Je sais, notamment depuis la chute du Rideau de fer et la fin de l'Apartheid, que des organisations humaines insensées, qui semblaient coulées dans le béton armé, peuvent s'écrouler en peu de temps par une montée de conscience dans le cœur et l'esprit des citoyens et citoyennes. Je me nourris et nourris en retour de ma présence cette montée de conscience. »

Deuxième cadeau :

« **J'existe, même si je ne fais rien** ou quasi rien. Je peux apprendre à savourer à sa source le goût de la vie pure, ni mêlée, ni diluée, ni construite, ni active, ni défensive, juste la vie. Si j'en saisis l'intensité et parviens à m'y ancrer, c'est mon rapport au temps qui s'en trouve pacifié : avant le confinement, je tentais de combler mon incessant état de manque en prenant mon agitation pour de l'intensité, eh bien, désormais, j'irai de choses à faire en choses à faire avec douceur, en m'abandonnant davantage à la plénitude. Je vis un rapport au temps doux ! »

Depuis Archimède, dans son bain, et Newton, sous son arbre, nous savons que douceur, abandon et plénitude font un climat fertile pour la créativité et la capacité à saisir les clés du monde.

Troisième cadeau :

« **J'existe, que je sois seul ou envahi** par trop de proximité. Ce que je suis, au plus intime de moi-même, est indemne de toute blessure et hors d'atteinte de toute offense ou friction. »

Certains, certaines ont souffert de la solitude, particulièrement celles et ceux qui n'en avaient pas la pratique et ne pouvaient donc en connaître d'emblée les bienfaits. D'autres ont souffert de la *surexposition,* vingt-quatre heures sur vingt-quatre, au contact humain, notamment dans le couple et la famille, proximité constante dont il est rare que nous ayons l'habitude. Dans l'une ou l'autre de ces expériences, beaucoup reconnaissent avoir découvert une occasion peu commune d'écoute et de rencontre avec soi, comme avec l'autre. Pas question de jouer un jeu, de se voiler la face, d'être juste *gentil.* Dans le microcosme du confinement, il s'agit d'être vrai. Bien sûr, la colère s'active d'abord *contre* l'enfant *qui fait trop de bruit* ou le conjoint *qui prend trop de place*… Attribuer à l'autre la responsabilité de ce que nous vivons est une conséquence de cette vieille et tragique habitude de vivre les rapports humains comme des rapports de force ; habitude qui crée tant de divisions et dont il est temps que nous apprenions à nous défaire pour intégrer des habitudes de collaboration, empathie, partage. Ainsi, en sondant la colère tout à loisir, en l'écoutant de strate en strate, en prenant conscience de nos besoins qui s'emboîtent les uns dans les autres comme des poupées russes, nous pouvons percevoir combien elle nous parle non pas de l'enfant ni du conjoint mais de nous.

> « Quand mon enfant émet des sons en jouant, je suis en colère parce que j'ai besoin de calme pour faire mon travail. Quand je prends conscience que j'ai besoin de calme pour faire mon travail, je mesure combien j'ai besoin de pouvoir rester calme même si les circonstances ne sont pas favorables. Quand je prends conscience que j'ai besoin de pouvoir rester calme même si les circonstances ne sont pas favorables, je comprends combien j'ai besoin d'apprendre à écouter mes sentiments à temps, c'est-à-dire régulièrement, à les distinguer les uns des autres pour ne pas tout mélanger, et à me relier à mes besoins de fond derrière mes besoins de premier degré, ce que jusqu'ici je ne faisais jamais ! Merci, colère, qui me ramène à moi et m'invite à prendre soin de mon vase avant que, de goutte en goutte, il ne déborde, et que je n'attribue à l'autre la responsabilité de la goutte ultime ! Non mais, franchement, qui est responsable de mon vase ? toi ? ou moi ? »

Et ce jardinage quotidien de notre vie intérieure nous permet d'apprendre pas à pas à savourer plus de paix :

« Mes pensées s'entrecroisent, mes émotions s'agitent, mes blessures s'activent et mes vieux complexes s'enclenchent ; toutes mes ombres jettent un voile entre moi et l'être en moi… Toutefois, au-delà de ce charivari momentané et de l'opacité de ces écrans de fumée passagers, je peux m'observer comme étant l'observateur de tous ces mouvements ; il m'apparaît petit à petit que l'ombre fait place à plus de lumière, que je peux m'installer dans un espace plus stable à l'intime de moi et y retrouver un état de paix qui se maintienne davantage : j'existe, je traverse, je demeure. »

Si nous saisissons désormais chaque occasion pour nous ancrer dans cette conscience-là – *j'existe, je traverse, je demeure* – malgré et à travers les circonstances, n'est-ce pas notre rapport à la vie même qui s'en trouve pacifié ? Nous tiendrons désormais à garder notre âme en paix, nous ne serons plus à la merci de nos conditions de vie, nous ne laisserons plus les circonstances bouleverser notre état d'âme, nous veillerons à changer ce que nous pouvons changer sans nous épuiser en luttes ni pensées stériles. Nous aurons réussi à quitter l'agitation de surface du lac de nos émotions, sensible à tous les courants d'air qui nous dispersent, pour descendre dans un courant de fond, stable et paisible, qui nous mène où nous voulons aller.

Quatrième cadeau :

au-delà des frictions sans doute incontournables, nous aurons pu (re)trouver le sens du lien profond avec nos proches immédiats comme avec nos voisins. L'emploi du temps, moins encombré de choses à faire, nous a accordé davantage de temps pour être, pour être ensemble et pour être à l'écoute. Tendresse partagée, jeux et spectacles, musique et concerts, improvisations et fantaisies multiples, toutes activités qui fédèrent et enchantent. Moins de *small talks* (« range ta chambre », « fais tes devoirs », « quand est-ce qu'on mange »), plus de *deep talks !* – et d'occasions de prendre le temps de rire.

Au-delà du *je-me-moi* et du *tu-te-toi,* auxquels se limitent souvent nos échanges et nos préoccupations, nous avons re-goûté au **sens du *nous*,** le *nous* solidaire, confiant, fécond, qui est la base de notre humanité. Et voici un nouvel ancrage :

> « J'aime cette connivence, cette joie partagée, ce "nous" fertile et pétillant. J'aime être écouté avec attention, sans être interrompu, et trouver par moi-même mes solutions, et combien j'aime aussi écouter l'autre sans l'interrompre et le voir par elle-même ou lui-même dégager ses solutions ; je tiens à ce respect manifesté par l'écoute : écouter pour comprendre, pour aimer, pour être là, pas pour résoudre ni faire. Je ne veux plus vivre autrement. Je ne laisserai plus à mes pensées, à mes idées ni aux "choses à faire" le pouvoir d'empiéter sur la qualité de notre "être ensemble". »

Cinquième cadeau :
deux mois pratiquement sans autres achats qu'alimentaires !

Nous aurons pu mesurer que nos désirs sont multiples et changeants, et que leur poursuite nous entraîne dans une course folle, tandis que nos vrais besoins sont simples et constants, et que leur écoute nous pose et nous repose.

N'est-ce pas l'occasion de nous rapprocher de la sobriété heureuse encouragée par Pierre Rabhi ? Et peut-être même du principe d'***elegant simplicity*** proposé par Satish Kumar, formule qui exprime autrement la même idée de vivre beaucoup mieux, plus joliment, avec beaucoup moins ? J'aime cette invitation à renouer avec notre dignité d'être humain dans tous ses aspects. Sur le plan vestimentaire, le culte du *paraître à la mode* et l'uniformisation du sportswear, porté en toutes circonstances, pourraient nous abrutir jusqu'à la compulsion d'achats, tout en nous éloignant de l'élégance intemporelle, innocente et naturelle, proche de celle de la fougère qui se déroule au printemps, de la buse qui s'abandonne à son vol ou du chevreuil qui vous toise en sous-bois. Bien des peuples, moins aisés matériellement, nous montrent par la distinction de leur allure – sur laquelle ni le temps ni la mode n'ont prise – que la grâce ou l'élégance ne sont pas affaire de budget ni de compétition dans l'ordre du paraître, mais affaire de dignité, d'attention et de goût dans l'ordre de l'être.

En toute hypothèse, durant ce confinement, nous aurons pu observer nos compulsions d'achat sans y céder, démasquer les mécanismes compensatoires qui les activent et qui entretiennent la société de consolation – selon la juste expression de Patrick Viveret – et trouver, s'il en fallait, d'autres gratifications que matérielles pour nourrir notre besoin de bien-être.

Ancrage, encore, à la fois dans la mesure et l'amour sans mesure de la vie :

> « Désormais, je désencombre mon esprit comme mes armoires ; je sais que je n'ai pas besoin de tout ce dont j'ai envie ; je fais mienne la devise de la simplicité volontaire : moins de biens, plus de liens, et j'honore la beauté et la dignité de la vie de toutes les façons possibles : je mets des fleurs dans les vases, j'allume les bougies pour dîner, je bois dans les beaux verres de ma grand-mère, me vêts et vis en élégante simplicité. »

Sixième cadeau :

le ciel est dégagé de toute trace et bruit d'avion, les rues quasi sans trafic ni embouteillages, les taux de pollution ont chuté partout, depuis certaines villes d'Inde, jusqu'à il y a peu enfumées, les habitants ébahis découvrent les neiges éternelles des chaînes de montagnes environnantes qui étaient voilées depuis plus de trente ans, le calme et le silence règnent de nouveau sur nos routes. La terre qui étouffait se remet à respirer, et nous-mêmess, humains, touchés à l'intime de notre système respiratoire, nous sommes invités à retrouver **un nouveau souffle**.

> « Cette qualité de vie, je tiens à l'avoir au quotidien et compte m'y employer, notamment par des choix de consommation

clairs et en exigeant cette même responsabilité de tous les dirigeants. Je ne foncerai plus tête baissée dans la précipitation et la négligence instituées en mode de vie. »

Septième cadeau de la crise : si **nous sommes capables de tout changer** dans nos habitudes, en quelques jours, au risque de bloquer ou compromettre tout le système, c'est bien que nous sommes à même de prendre des mesures rapides et exigeantes pour nous protéger d'une menace qui nous concerne directement. Nous pouvons donc faire la même chose pour les menaces d'une autre ampleur, celles du réchauffement climatique et de l'écroulement de la biodiversité, qui nous concernent nous également directement, mais concernent aussi les générations à venir.

> « Je revisite mes choix et mes priorités et fais savoir autour de moi que je suis prêt à des changements profonds de mes habitudes de vie, en sorte d'assurer la pérennité du système Terre. Et j'incarne ainsi la proposition de Satish Kumar qui amplifie la formule de Gandhi : "*Be the change, organise the change, communicate the change*". »

Du jamais vu au jamais fait : osons

Je souhaite que ce livre soit l'occasion de clarifier quel changement nous voulons, comment l'incarner nous-mêmes davantage et contribuer à l'organiser, et comment communiquer à ce propos de façon féconde, visible et contagieuse.

Le mouvement des créatifs culturels, identifié il y a plus de vingt ans, avait à l'époque pour caractéristique d'être – selon l'expression même des auteurs de son analyse – une « révolution silencieuse » ; silencieuse parce que menée par une masse non organisée de personnes qui, en s'appliquant simplement à vivre en accord avec elles-mêmes, dans une citoyenneté élargie à la planète, n'avaient la plupart du temps pas encore conscience de contribuer ainsi à l'émergence d'une nouvelle culture ni d'appartenir à un mouvement de changement social d'une telle envergure.

Aujourd'hui, cette conscience apparaît au grand jour et le mouvement gagne en ampleur ; les manifestations des jeunes, qui descendent dans les rues pour rappeler aux adultes le sens des responsabilités et le devoir d'attention à la vie, à la planète et aux humains, sont sans doute de l'ordre du jamais vu dans notre histoire. La jeune génération est plus perspicace et responsable que les adultes en place censés diriger : extraordinaire inversion, prélude à bien des nouveautés ! Comptons désormais sur ce *jamais vu*, pour oser penser du jamais pensé et faire enfin du jamais fait.

Le retour à la vie sociale et aux activités quotidiennes à l'issue du confinement est l'occasion d'apporter dans nos vies la cohérence et la créativité auxquelles nous aspirons, avec la vigilance et la rigueur nécessaires pour éviter le risque si évident de retomber dans nos incohérences et docilités, et « faire ce qu'on a toujours fait », par lassitude, résignation, démission, lâcheté.

Personne ne dit que c'est facile, mais chacun de nous sait que c'est urgent et que les moyens de cette belle aventure sont dans nos mains.

Thomas d'Ansembourg a été avocat, puis responsable d'une association de prévention et d'aide aux jeunes en difficulté avant de devenir psychothérapeute, formateur certifié en Communication consciente et non violente©, conférencier et auteur. Il propose un travail de connaissance et pacific-action de soi permettant de déjouer les pièges de l'ego, de nous aligner sur notre élan de vie propre et de retrouver le souffle de l'inspiration afin de mettre nos talents au service de la communauté. Devant les enjeux d'aujourd'hui, il nous invite à développer notre intériorité citoyenne, car le développement personnel psycho-spirituel profond est la clé du développement social durable. Vous pouvez le retrouver sur thomasdansembourg.com et sur sa page Facebook.

Un monde meilleur, 2020 ou le début de l'ère du Verseau

Par Muriel Siron

Qu'est-ce qui nous laissait présager de la situation dans laquelle nous sommes depuis le 17 mars 2020 ? Un monde à l'arrêt, puis en convalescence, en perte de vitesse et pour finir en manque de repères. Avec en option, une humanité à la traîne, complètement impuissante face à une planète en mal de *respiration*. Heureusement, notre chère planète et l'univers tout entier n'ont pas dit leur dernier mot. Depuis le printemps, elle en profite pour reprendre ses droits et du terrain. Elle est bien décidée à nous montrer qui elle est réellement.

Ce que j'ai compris du confinement sur un plan collectif

Bien que tant de signes – sur la terre comme au ciel – nous aient annoncé l'émergence d'une crise, nous avons été surpris par la forme qu'elle a prise. Comment pouvait-on croire qu'un jour, l'infiniment petit aurait l'indécence de bloquer l'infiniment grand ?

Le 10 janvier 2020, nous assistions déjà à un spectacle exceptionnel du côté du ciel, présageant un véritable saut quantique mondial. Ce début d'année, détonnant sur le plan astral (illustré par la conjonction

Saturne-Pluton dans le signe du Capricorne), ouvrait le bal à ce magnifique portail énergétique. L'arrivée d'un nouveau monde tant espéré se dessinait enfin. La dernière conjonction similaire remontait à cinq cents ans ! Ces aspects planétaires d'une telle rareté et intensité avaient déjà alors remis de l'ordre sur la terre. Pas étonnant que dès ce début d'année 2020, nous soyons secoués par l'effet de ces transits planétaires inhabituels. Il est facile d'anticiper que ces influences dureront toute l'année et auront d'énormes répercussions, sur les plans politiques, financiers et écologiques. Dérèglements climatiques et crise économique tricotent ensemble notre avenir.

Oui ! Le désastre était écrit dans les astres depuis très longtemps. Fin 2019, comme tous les ans et comme beaucoup d'astrologues, j'ai scruté le ciel de près, avec l'aide de mes éphémérides. Je m'attendais à un vrai coup de tonnerre du côté des astres. Ce nouveau monde, annoncé déjà depuis fin novembre 2008 par l'arrivée de Pluton – le dieu des Enfers – dans le signe du Capricorne, suivi, à partir de décembre 2017, de Saturne – Chronos, le Maître du Temps – nous annonçait un joli spectacle.

Ces deux planètes se positionnaient dans le plus psychorigide des signes zodiacaux – le Capricorne –, mais étaient bien décidées à bousculer notre monde surexcité pour réveiller nos âmes endormies. Il ne manquait que l'arrivée du magnifique Jupiter – dieu du Ciel et de la Terre – début décembre 2019, pour mettre le feu aux poudres et bien plus vite que l'éclair.

Si notre monde a commencé sa mutation en 2011 – arrivée d'Uranus en Bélier – avec de réels bouleversements et dangers – surtout entre 2015 et 2017 –, aujourd'hui et depuis début 2020, nous sommes entrés dans cette période de transition, celle qui nous conduira tout droit à l'ère du Verseau.

Aujourd'hui, nous traversons ce pont mythique, nous passons sur l'autre rive et sommes pour cela obligés de dégager nos peurs, les dépasser et retrouver notre lumière intérieure. Ce temps d'arrêt sur image de quelques semaines, donné début 2020, est un cadeau, un luxe, inimaginable encore en 2019.

Ce moment idéal et inédit dans l'histoire de l'humanité nous a tous inspirés, dans cette pause forcée, à mieux nous réinventer et revoir nos priorités.

Ce que j'ai compris sur le plan personnel Chronologie d'un bouleversement annoncé… Comprendre et écouter mes urgences !

Début 2019, je ressens intuitivement comme une urgence la nécessité de perdre du poids, de jeûner régulièrement, de pratiquer la douche froide tous les matins pour renforcer mon système immunitaire et remonter mon taux de sérotonine, tout cela s'impose à moi de façon inattendue. Je dois reprendre la maîtrise de mon corps.

Août 2019, je dois écrire ! Encore une intuition ! Pourtant, je manque de temps. Peu importe, mon petit confort personnel est balayé et il me suffira d'un mois pour accoucher de mon livre *Mon boss, c'est l'univers !*

En septembre 2019, je ressens un autre appel, celui de transmettre mes enseignements avant l'été. Je crée un coffret numérique. Malgré le manque de temps, de moyens, je transmets le maximum de clés, sous forme de vingt-deux vidéos pour atteindre sa liberté intérieure, développer son discernement, dépasser ses peurs de l'inconnu, grandir. Je sens que ce thème va nous être utile.

2020. À peine l'année commencée, moi qui suis toujours d'humeur légère, je me sens soudain grave. Je suis incapable d'être souriante, joyeuse. J'attends que le ciel me tombe sur la tête ! Ce n'est pas mental, mais physique. Tout mon corps est en alerte. Bien sûr, j'ai étudié l'astrologie mondiale et les vibrations de l'année 2020 comme la majorité des astrologues, comme eux, je m'attends à un accouchement dans la douleur.

Si l'astrologie m'intéresse à ce point, c'est uniquement pour me permettre de comprendre mes ressentis. J'utilise les éphémérides comme le ferait un météorologue pour prévoir le temps du lendemain. Je sais qu'un homme averti en vaut deux, voilà ma seule philosophie : prévoir pour mieux dépasser les événements ou caprices du ciel. Utiliser notre libre arbitre permet de prendre de la hauteur et de devenir acteur plutôt que spectateur ou, pire, victime. Pourtant, lorsque je me penche, en octobre 2019, sur l'étude de l'astrologie mondiale de l'année 2020, malgré mon optimisme chronique, je panique. Je lâche mes éphémérides, je les reprendrai un mois plus tard pour observer les astres et capter leur message : celui d'un immense bouleversement touchant autant notre inconscient collectif que notre environnement, et ce, dans tous les domaines.

Depuis l'automne 2019, je me sens de plus en plus intuitive, je reçois des messages. Quelle que soit l'heure du jour et de la nuit. Je suis de plus en plus souvent *visitée* et interrompue dans mon sommeil ou mes activités quotidiennes. Je ressens l'élan incontournable d'écrire sur-le-champ d'étonnants messages. Ainsi, par exemple, en novembre 2019, alors que je manque de temps, je suis en retard, je reçois pourtant l'injonction d'écrire ! Je n'ai pas le choix ! Devant l'insistance de la demande, je m'exécute. De façon très scolaire, je prends mon iPad et retranscris ce que l'on me dicte.

1re connexion : le message de mes guides le 6 novembre 2019 à 09 h 01.

L'humanité est fragile et en danger. Voilà pourquoi nous devons intervenir maintenant. Vous êtes bénis. Les dieux et votre âme sont plus grands que vous ne pouvez l'imaginer. Soyez à l'écoute de votre cœur, lui sait le chemin. Nous sommes là, demandez-nous. Écoutez-nous. Entendez-nous. Ceci est un cri d'amour. La vie d'après est tellement magnifique et plus grande que la vie sur terre, elle est le passage. La récompense de tous vos efforts se manifeste après le passage. Nous sommes heureux de vous voir avec tant de courage. Vivre sur terre est une chance, l'autre côté est divin. Nous vous en parlerons au fur et à mesure de votre évolution. Ne doutez jamais. La joie et seule la joie vous ouvrira et vous connectera à nous. Nous sommes Lumière et vous êtes nos enfants de la terre, nos enfants chéris et bénis. Chaque fois que vous vous aimez, chaque fois que vous êtes doux avec vous-mêmes, avec les autres vous nous honorez. La vie, la Terre, les Terriens sont magnifiques, mais beaucoup se perdent dans les méandres de leurs émotions. Si vous vous connectez à votre cœur, nous serons là et de plus en plus présents. Nous sommes actifs et nous le resterons. Allumez la lumière et vous allumerez le feu sacré en vous. Il brille en chacun. Vous êtes 1. L'unité est la force et dieu mystère est lumière. Nous vous aimons.

Évidemment, je suis étonnée de la façon dont cette connexion s'impose à moi à un moment où je ne m'y attendais pas. Aussitôt je reprends le cours de mes occupations, en oubliant cette visite impromptue que je finis même par ne pas prendre au sérieux. Mais avant de tout oublier, je poste ce drôle de message sur un groupe très connecté : *Un monde meilleur*. Depuis plusieurs années, j'anime régulièrement des journées initiatiques en ligne sur la toile. Ce matin-là, comme pour avoir des témoins et parce que je viens d'en recevoir l'ordre, je poste mon avertissement sur *Un monde meilleur*.

2e connexion : message des guides le 26 décembre 2019 à 05 h 03.

Réveillée à 4 heures du matin, j'ai à nouveau cette impression que quelqu'un frappe à la porte. Je refuse de me lever et d'ouvrir. Je lutte pendant une heure, mais l'énergie est si forte que j'accepte d'écrire ce qui m'est dicté. Une fois de plus, je sens n'avoir pas le choix.

Oui… nous sommes actifs et de plus en plus la nuit. Votre sommeil est le moment idéal pour transmettre nos messages sans forcer. Votre course infernale contre le temps, contre la vie à contretemps, nous oblige à agir différemment. La nuit est le moment parfait pour nous entendre. Enfants de la Terre, réveillez-vous. La vie est partout et elle vous réveille. Aujourd'hui, il est temps de revoir vos essentiels, oubliez vos repères d'hier et sachez que rien ne vient par hasard. Accidents, incidents, difficultés sont là pour éveiller votre conscience trop endormie. Malgré vos efforts, votre monde s'accélère. Vous n'êtes pas seuls sur cette terre, votre priorité est de la préserver de l'aimer et de vous montrer plus humbles. Nous vous aimons et pourtant, tels des parents, nous sommes obligés de constater vos erreurs, votre manque de grandeur. Votre âme doit s'élever. Les générations à venir seront des maîtres, vos maîtres ; écoutez-les, regardez-les, respectez-les. Respectez-vous les uns les autres. Votre ascension commencera ainsi. Vous êtes tous venus pour évoluer, grandir et beaucoup d'entre vous n'évoluent pas. Nous allons interagir dans vos vies, sans vous demander votre avis. Vous allez faire, dire, agir, différemment, et vous éveiller comme dans un conte pour enfants. Retrouvez vos rêves d'enfants, redevenez purs et vrais. Vos compromis avec vous-mêmes vous font devenir petits. Redressez-vous et croyez aussi en vous, en votre pouvoir. Chacun en a un ou plus encore. Vous allez vous métamorphoser et croire que cela vient uniquement de vous et pourtant nous vous soufflons à l'oreille le chemin. Nous vous lisons le mode d'emploi. Restez vous-mêmes et ne vous laissez plus conditionner. Ralentissez. Revenez à vous, à l'essentiel. Faites silence et tendez l'oreille. Nous sommes si près de vous et notre amour peut tout. Entendez notre amour. Nous empruntons le chemin de la télépathie pour communiquer avec vous. Mais, pour nous entendre, vous devez commencer par faire taire vos pensées. Nous ne forcerons rien, sauf si vous restez sourds à nos demandes. Votre vie change et vous allez devoir vous transformer. Le temps de l'éveil est là. Nous n'avons plus un instant à perdre. Nous sommes fiers de vous et pourtant, nous allons vous en demander plus encore. Priez, n'oubliez pas de prier. Je ne parle pas de religion, mais d'humilité. Reliez-vous à nous et parlez-nous. Nous sommes le chemin, votre chemin. Soyez vrais et vous nous entendrez. N'ayez jamais peur et tout ira bien. Notre amour est plus fort que tout. Nous sommes là et partout dans le monde que vous croyez invisible. Vous êtes nos enfants et vous ne pouvez plus continuer à vous perdre…

C'est bon, j'ai compris ! Je peux aller dormir ! Quelques secondes plus tard, l'énergie redescend et le calme s'installe en moi.

Ce que j'ai compris pendant le confinement

Quelques jours avant le confinement, le matin au réveil, je suis réveillée par un nouveau message.

3e connexion : message des guides du samedi 14 mars 2020 à 06 h 53.

Nous sommes au point de bascule ou l'homme, superhéros, va devoir revenir à l'essentiel pour rencontrer l'humilité. Oui, nous sommes là, actifs à vos côtés, et essayons de vous guider au mieux. Cette étrange période pour vous n'est que le résultat de certaines erreurs humaines. Nous ne ferons le procès humain de personne. Vous êtes là, au milieu de nulle part et attendez hagards la suite des événements. Nous allons vous la donner. Rentrez à l'intérieur de vous. Oui, certains plus vulnérables ne pourront retrouver cette force que vous portez tous à l'intérieur. Votre nature divine peut beaucoup pour vous. Retrouver le sens du sacré, rester vigilant et prendre de la hauteur est aujourd'hui obligatoire face à cette situation qui va continuer. Nous pouvons vous aider, vous accompagner. Inutile de prendre peur. Certaines règles vous aideront à passer ce cap. Votre monde va profondément changer. L'homme doit changer. Les inégalités ne peuvent plus continuer. Nous vous mettons face à vous-mêmes. Nous sommes venus vous prévenir en douceur. Nous devons vous amener à revoir vos essentiels. Vos priorités ne sont plus au bon endroit. Nous avons besoin de vous, de votre intelligence pour faire grandir cette humanité en mal de tout. La vanité est devenue un trophée qui vous oblige à devenir des robots. Votre nature divine va se révéler. Restez prudents. Restez ouverts et positifs. La lumière est là et elle brille pour vous. Faites appel à elle. Que sont devenues la solidarité ? la gentillesse ? la beauté du monde ? Où est le respect de l'autre ? L'homme est devenu un danger pour l'homme et vous en êtes aujourd'hui les témoins actifs. Arrêtez tout et revenez à vous. Votre monde change, doit changer ; vous n'avez plus le choix, vous n'avez plus le temps. Rappelez-vous de votre nature divine. Quittez vos caprices d'enfants gâtés par le monde. Ce monde, votre monde, est désenchanté. La Terre pleure, la planète tout entière vous crie son amour et agonise. Maintenant vous êtes face à vous-mêmes et nous sommes là pour vous conduire sur le chemin, celui que vous avez oublié. Vous vous êtes égarés à force de vouloir trop tout. Oui, nous vous aimons et nous n'avons aucune peur et surtout pas celle de vous serrer tout contre nous et vous prendre sous nos ailes. Nous resterons très actifs et aimants. Nous sommes comme des parents face à leurs enfants, désespérés, mais confiants. Nous connaissons vos ressources et nous croyons en vous et en votre pouvoir de guérison sur tous les plans. Nous sommes tout près…

Après quelques jours de confinement – le premier dimanche exactement –, au réveil, je reçois encore un message. Celui-là est différent, il me fait rire, il est rempli d'humour. C'est une sorte de fable, comme si les planètes, les signes et les chiffres parlaient en leur nom. Et enfin, à une heure plus décente !

4e connexion : message des guides du dimanche 22 mars 2020 à 07 h 21.

Les astrologues, numérologues et même les psychologues vous répètent que nous sommes à l'aube d'une ère nouvelle. Celle annoncée depuis longtemps : l'ère du Verseau. L'alignement des planètes en Capricorne qui a commencé en 2018 va continuer son grand nettoyage pendant toute une année.

Alors les numérologues prédisent : 2020 est le point de bascule entre l'ancien monde et le nouveau.

Cet accouchement ne se fera pas dans la douceur. Mais il nous apportera beaucoup de bénéfices une fois ce cap passé.

Pluton ajouta d'un ton toujours aussi sombre : « Mourir pour renaître. Voilà ma tâche ! En transformant nos structures existantes, je vous obligerai à changer. » « On pourrait peut-être y mettre un zeste d'énergie positive ? », ajouta Jupiter dont le travail consistait à semer la chance et la joie de vivre. « Mais… Vous ignorez que vous êtes sur mes terres ! répondit le Maître Saturne, qui administre le monde depuis la nuit des temps. La politique, l'écologie, vos administrations, vos finances, le pouvoir… celui qui impose ses règles, c'est moi, le maître absolu ! Et je continuerai à le faire avec intransigeance et autorité ! »

« Mais vous n'avez rien compris, mon cher Maître, répondit Neptune. Je me permets d'intervenir, parce que je ne peux plus entendre votre ton si présomptueux et autoritaire. »

Avec la plus grande sagesse, il ajouta : « Mon cher Maître (s'adressant au Capricorne…), je vous parle depuis toujours de spiritualité, d'amour universel, et depuis 2018… vous haussez le ton. Mais moi… Depuis 2003, je suis sur le terrain, main dans la main avec mes frères, les Poissons. Et vous, du haut de votre demeure, vous me riez au nez… Eh bien, sachez que nous y sommes à cette ouverture de conscience. Les nouvelles générations nous l'ont demandée. Ces âmes se sont incarnées pour agir et voir notre monde se transformer. Nos anciens et âmes d'hier vont devoir revoir leur copie. Nous allons enfin être aux premières loges pour faire les comptes et découvrir ce monde nouveau rempli d'espoir, celui que l'on nous a promis et que certains attendent avec joie ! »

C'est alors qu'arrive, sur la pointe des pieds, le magnifique chiffre 20, accompagné de son jumeau (à eux deux, ils font la paire) : 20/20 ! « Permettez-moi d'ajouter ceci : nous sommes le jugement divin et à nous deux nous sommes 40 ! La quarantaine, le désert ! Avec le 20, nous demandons à l'humanité, incarnée sur cette planète Terre, de reprendre sa place différemment, d'apprendre à mieux respirer, et de respecter ses éléments. Si elle déroge à cette loi, elle finira étouffée. Positionnez-vous. Dites-nous ce à quoi vous dites oui ! Et ce à quoi vous dites non ! »

Alors les planètes établirent, avec l'aide des jumeaux : 2 fois 2 un concile pour sortir de cette crise mondiale et annoncée. Le nœud Nord ajouta : « Le 5 mai, je dois rentrer dans le jeu terrestre. Mon rôle sera d'amener plus de légèreté, de redonner du sens au monde. Tous ensemble, en donnant le meilleur de nous-mêmess, nous réussirons à traverser ce pont, qui nous amènera de l'autre côté de la rive.

Il y a urgence, nous n'avons que quelques mois devant nous. »

L'Univers, entendant les planètes, les signes et les chiffres de ce concile un peu trop dissipé, décida d'intervenir… « Je vous ai demandé de transformer cette humanité, de l'aider à s'ouvrir, de se reconnecter avec son essence et celle du ciel. Je vous demande aujourd'hui et solennellement de vous mettre d'accord. Si quelqu'un à son mot à dire, qu'il prenne la parole maintenant ou se taise à jamais ! » Gaïa sortit de son silence et se mit à pleurer en ajoutant entre deux sanglots : « Faites vite s'il vous plaît, il y a urgence… Je suis en train de mourir. »

Tous se regardèrent avec amour et compassion, le Capricorne habité par Pluton, Saturne et Jupiter, Neptune et ses Poissons, et d'un ton très solennel et empli d'amour, ensemble ils décidèrent d'agir pour le bien de la Terre en redonnant une chance à son locataire un peu trop sûr de lui. Chacun repartit avec courage, bien décidé à relever ce majestueux défi ; sauver le monde, la Terre et pardonner à celui qui était à l'origine de ce terrible marasme… L'homme et son esprit de supériorité. L'Univers dans toute sa bonté croyait encore en la beauté divine de ce Terrien. L'avenir et la beauté du doute nous diront s'il a eu tort ou raison…

À peine la connexion terminée, je pousse un soupir de soulagement. Je ne sais d'où me vient cette histoire ni qui me l'a envoyée, mais je trouve ce message touchant. Probablement un guide qui s'y connaissait en astrologie…

J'imagine que pour certains ce vocabulaire « astral » demeure un mystère, mais je tiens à redonner aujourd'hui ces connexions telles qu'elles m'ont été transmises.

Comprendre ces messages

Ce n'est que lors de ce confinement que j'ai compris ces messages insistants, personnels et collectifs, comme l'urgence qui m'était suggérée de consolider mon immunité et d'écrire. Ces signaux m'avertissaient d'un changement de cap, me préparaient à un saut quantique.

Bien sûr, je ne suis pas seule dans ce cas et je suis persuadée que d'autres médiums ont reçu comme moi des avertissements, comme autant d'alertes sur notre changement de paradigmes. Aujourd'hui, moi qui aime tant contrôler mon avenir sous prétexte de libre arbitre, je m'aperçois que je ne contrôle plus rien.

Depuis 2019, cette connexion avec le monde invisible est devenue de plus en plus intense. Malgré de nombreux messages et preuves concrètes, une partie de moi, plus sceptique, a toujours douté de la pertinence de ces connexions. Aujourd'hui, je comprends que je dois lâcher mon mental et recevoir ces informations sans me poser de questions. Pour ça, je m'emploie à éviter une logique trop cartésienne et me laisse traverser par les messages qui s'imposent à moi. J'ose désormais transmettre à des inconnus ce que je reçois, mais, pour cela, j'ose dépasser ma peur d'être jugée, pas prise au sérieux par certains, illégitime, folle, ou donneuse de leçons, pour d'autres.

Dans notre société moderne et rationnelle, tant d'hommes et de femmes ne croient que ce qu'ils voient. Le jugement et la dérision sont monnaie courante. Oser m'exprimer sans protection est encore difficile pour moi. Aussi, je dois oser affronter le regard extérieur, malgré mon désir de tranquillité. Rester planquée derrière mon silence est tellement plus simple, confortable et habituel. Mais quelle idée folle d'avoir accepté la proposition de mon ami Arnaud Riou ! S'il n'était pas aussi fou que moi, je me serais défilée, c'est certain !

Dès le premier jour de notre confinement, j'ai eu cette étonnante impression d'avoir une feuille de route entre les mains, je la découvrais chaque matin au réveil dans un état intérieur différent. Je me sentais reliée davantage à une dimension qui me dépasse.

Je me suis laissée porter par l'instant présent, sans jamais anticiper le déroulement de la journée. Ma seule direction : développer mon intuition, pacifier mon mental pour recevoir des informations au moment où je ne m'y attends pas.

Dans la nuit du 15 avril, je rencontre mon âme

Durant toute cette période de confinement, les rêves se sont multipliés. Une nuit, je reçois ce message. Je vois mon âme. Elle s'approche de moi et m'invite à un amour immense, une grande douceur accompagnée d'une incroyable simplicité. Elle m'encourage à continuer. Je suis sur un autre plan astral, entourée d'amis et d'inconnus. Tout autour de moi, le silence est palpable. Je me réveille avec une joie intense, comme à chaque fois que je reviens d'un voyage spatio-temporel. C'est la quatrième fois que je rencontre mon âme depuis ma naissance. Je suis tellement heureuse ! La veille, j'avais décidé d'accepter de répondre à des demandes de consultations à distance. Un mur symbolique venait de s'effondrer à l'intérieur de moi. Une ouverture sur le monde, sur les autres, au-delà de mon confort personnel. Je me sentais réquisitionnée pour aider le plus grand nombre et à plus grande échelle.

Ce que j'ai compris après le confinement

Le jour suivant le confinement, je reçois en cadeau un nouveau rêve. Une enfant de six ans, drôle, joyeuse, se moque du regard des autres. Cette petite fille est tellement libre ! Je demande à des guides où est passée sa joie de vivre ? Ils me répondent qu'elle a eu un accident à sept ans et a décidé de rester sur terre, de respecter les codes. Depuis, elle a perdu sa vraie nature. Elle ressemble à un singe qui joue avec la vie ! Aussi agile !

Je me réveille dans une joie immense provoquée par la rencontre de mon âme. Je suis cette petite fille. C'est moi, avant mon accident. J'ai en effet subi une asphyxie due à une fuite de gaz, accident lors duquel je me suis sentie flotter au-dessus de mon corps. J'avais le choix de partir ou de rester en vie. La même année, je croiserai la mort à trois reprises.

Ce que j'ai compris sur un plan collectif

Enfin, nous y sommes, l'ère du Verseau sera spirituelle ou ne sera pas ! Si je crois en notre libre arbitre, je reconnais toutefois que l'univers et les planètes ont finalement le dernier mot. Si les planètes proposent, l'homme dispose. Mais ça ne lui donne pas tous les droits.

Notre monde est malade, et c'est tout l'univers qui nous le signale. Alors, merci pour cette magnifique leçon d'humilité et d'humanité. Aujourd'hui, en 2020, nous avons l'obligation de grandir, d'élever enfin, ensemble et séparément, notre niveau de conscience. Ce que j'entrevois, de ma fenêtre d'astrologue ouverte sur le monde, est plutôt rassurant ! Depuis ce 17 mars 2020, le groupe *Un monde meilleur* que j'anime est devenu plus actif. Nous ressentons le besoin de discuter quotidiennement. Au travers d'un public varié, les messages sont devenus plus riches et nombreux. La majorité des participants a retrouvé une joie de vivre disparue.

Nous portons un regard neuf sur la beauté du monde, la clarté du ciel. Nous nous sentons émerveillés devant tant de silence, devant la nature, les oiseaux de plus en plus présents, même à Paris. Eux n'étaient plus confinés. Je ressens une impression de renaissance, de joie irrationnelle, enrichie d'un sentiment de liberté retrouvée, alors que chacun avait l'obligation de rester confiné, nous nous sentions paradoxalement beaucoup plus libres. Bien sûr, dans le même temps, beaucoup étaient touchés de près ou de loin par ce virus. Pourtant, malgré la maladie, la fatigue, la peur, nous établissions une relation plus authentique et plus nourrie. Nous prenions conscience d'initiatives, de gestes plus fraternels. J'ai pu ressentir ce qui me manquait dans le monde d'avant. Cet amour inconditionnel, cette impression d'unité, cette disponibilité des uns vis-à-vis des autres. Nous avons apprécié de voir le temps s'arrêter, de nous parler vraiment et surtout d'ouvrir notre cœur. Tant d'initiatives solidaires ont vu le jour. J'ai tant vu d'individualités s'unir afin de prier ensemble pour d'autres, dont le pronostic vital était engagé. L'indifférence avait disparu.

Ce monde auquel j'aspire tant depuis que je suis enfant, ce monde d'amour, de générosité, je l'ai vu naître durant ce confinement. Je l'ai senti et il m'a comblée et surtout il m'a emplie d'espoir pour demain.

Et même si chacun, depuis, a repris son chemin, cette étincelle d'espoir est aujourd'hui dans le cœur de tellement d'hommes et de femmes sur la planète.

Nous traversons ce grand nettoyage, orchestré par le Maître des Enfers, Pluton, qui a pour vocation de détruire pour reconstruire. Nous sommes au cœur de la tourmente et pourtant je suis confiante. Aujourd'hui, je crois en cette Nouvelle Ère ! Je la sais, je la sens.

Faire notre Ciel sur Terre !

Voilà désormais notre mission. Non, je ne suis pas utopiste ou naïve. Bien sûr, l'ombre et la lumière s'affronteront toujours demain. Oui, nos dirigeants sont et seront encore sourds et aveuglés par leurs intérêts. Et pourtant, malgré tout ce que l'on voit, entend, sur les réseaux sociaux, je ressens en moi une confiance totale et absolue, je crois en ces lendemains qui chantent ! Je sais, je sens que l'amour sauvera le monde. Personne ne pourra me l'enlever. Aujourd'hui, j'ai enfin compris et intégré que nous sommes tous accompagnés par des présences invisibles remplies d'un amour inconditionnel.

Aujourd'hui, chaque nuit, je me connecte à la source et à mon disque de haut vol et je fais le plein de cet amour divin. Je me sens plus vivante, plus rationnelle et réaliste, tout en restant connectée et inspirée. Je suis certaine que notre monde franchit une nouvelle étape sur l'échelle de conscience de l'humanité.

Quel que soit le chemin que nous empruntons, nous grandissons, nous nous élevons !

Aujourd'hui, je vois plus d'avantages que d'inconvénients à cet accouchement auquel nous assistons. Oui, notre chère planète respire mieux. Les eaux de Venise retrouvent leur beauté et le monde enfin reprend ses droits.

Nous découvrons le temps de vivre mieux, de passer du temps avec nos proches, nous devenons plus humbles devant tant de merveilles. Nous retrouvons notre regard d'enfants, ressentons cette joie de vivre tout simplement, en lâchant nos occupations puériles pour apprendre à mieux respirer ensemble.

L'évolution et l'accélération du temps nous ont tous, plus ou moins, robotisés. Dans ce train lancé à très grande vitesse, nous sommes devenus des enfants à la fois capricieux, gâtés et dans le même temps tellement malheureux. À force de faire, d'avoir, toujours plus, nous sommes devenus des insatisfaits chroniques. Revenir aujourd'hui à de vraies valeurs est essentiel à la santé physique et psychique de l'humanité. Nous priver de la plus élémentaire des libertés à cause d'un minuscule virus était un coup de génie pour aider l'homme à retrouver un zeste d'humilité et l'aider à comprendre que nous ne sommes que des locataires, sur cette si jolie planète.

Notre passage sur terre est une aubaine, un cadeau pour nous permettre de grandir en conscience et ensemble nous élever dans l'Unité !

Notre seule raison de vivre s'appelle l'AMOUR. Nous devons aujourd'hui le comprendre et l'intégrer dans notre ADN ! Je suis optimiste ! Oui, et heureuse d'assister à ce changement de monde.

Quels que soient nos doutes, nous savons que la lumière l'emportera toujours sur l'obscurité. Nous avons à réinventer nos vies. Je suis fière de participer à ce changement de cap ! Je suis tellement heureuse de m'être incarnée à cette période charnière de notre humanité, celle où enfin les consciences se réveillent !

J'ai l'impression d'attendre ça depuis la nuit des temps ! La vraie, la seule liberté qui soit se trouve en nous. Le seul endroit où la sécurité s'imposera toujours. La vie est belle !

Je conclurai alors sur les mots de Marianne Williamson :

> « Notre plus grande peur n'est pas que nous ne soyons pas à la hauteur. Notre peur la plus profonde est que nous soyons puissants au-delà de ce qui est mesurable. C'est notre lumière, pas notre obscurité qui nous effraie le plus. »

Bienvenue dans un monde nouveau ! Je l'aime déjà cette ère du Verseau ! Moi, je suis prête !

Muriel Siron est passionnée de psychologie autant que de sciences occultes. Elle a passé sa vie à étudier et à explorer les fondements de l'âme humaine et des comportements qui en découlent. Astrologue numérologue, elle a rejoint Europe 1 en 2010. Au fil du temps, sa curiosité et son grand intérêt pour l'inconscient l'ont amenée à se former à différentes méthodes, telles que la numérologie, la nombrologie, la PNL, la reprogrammation d'ADN, la physique quantique, la naturo-quantique, l'hypnose holis-

tique et le chamanisme, entre autres, afin d'apprendre à mieux se connaître pour mieux comprendre les autres. Elle est l'auteure de deux ouvrages aux éditions Exergue, Et si tout n'était pas écrit ? *(2018) et* Mon Boss, c'est l'Univers ! *(2020). Elle a créé un coffret digital,* Embellir votre vie en 21 jours *(2019). Pour en savoir plus, voir sa page Facebook et murielsiron.fr.*

(R)éveillons-nous !

par Jean-Philippe Magnen

Ce titre peut apparaître comme un cri, et il l'est en partie, un cri qui m'habite au même titre qu'*Indignez-vous*[7] de Stéphane Hessel en 2010 qui appelle à combattre pour ses idées. Mais il y a aussi, en son sein, un autre cri, celui d'*« éveiller nos consciences »* inspiré de Pierre Rabhi, qui m'habite tout aussi intensément, l'intensité du retour sur soi, de l'élévation de la conscience.

Sortir de la dualité, des divergences entre l'intime et le social, du psy et du politique, ce n'est pas nouveau dans ma réflexion et mes engagements. Ce confinement a accéléré la transformation de ces divergences en convergences et j'ai la faiblesse de penser qu'elles ne résonnent pas qu'en moi aujourd'hui : « […] Il ne peut y avoir de changement de société sans un profond changement humain. […] Ensemble, il nous faut de toute urgence prendre conscience de notre inconscience, de notre démesure écologique et sociétale, et réagir[8]. »

---

7. Stéphane Hessel, *Indignez-vous*, Indigène éditions, 2010.
8. Pierre Rabhi, *La Convergence des consciences*, 2017, Actes Sud, « Babel », 2017.

Il y a « résonance[9] » entre ces deux cris au sens de ce qu'Harmut Rosa décrit comme une vibration, ou qu'Edgar Morin appelle la « reliance ». Qu'ils soient des cris de joie, de colère, de douleur, de libération ou d'espérance, je sens alors une énergie qui me relie à moi-même, au monde.

Les deux cris de Stéphane Hessel et Pierre Rabhi (j'ai eu la chance de rencontrer ces deux personnes, sources d'inspiration) rassemblent deux énergies complémentaires, yin et yang. Je les ai unifiés dans le titre de cet article, le « R » de « Réveillons-nous » renvoyant plutôt à une énergie masculine, de guerrier, « éveillons-nous » à une énergie plus féminine, de sagesse. J'ai la conviction que nous avons, plus que jamais, besoin des deux, équilibrées et interagissantes.

La crise que nous traversons a intensifié la profondeur de ces deux énergies, réconciliées en moi. Cela m'a donné l'envie d'écrire, de contribuer en livrant ce témoignage personnel de cette crise et de ce qu'à la fois elle (me) révèle de ces clivages et dualités stériles pour le vivre et l'être ensemble, et d'espérance et de libération fertiles pour le maintenant et l'après.

Mon vécu du confinement : de l'intime au social

Si je reste sur cette dualité stérile/fertile, intimement, j'ai vécu un confinement en grande partie fertile. Fertile au sens de ce qu'il a produit en moi comme effet positif relatif au bien-être personnel,

9. Hartmut Rosa, le moi et le monde « prennent forme dans le processus relationnel proprement dit ». Le concept de résonance permet de qualifier cette interaction. Il permet de faire la différence entre des rapports qui « résonnent », caractérisés par une « réciprocité vivante », et des rapports de domination, pétrifiés, aliénés. Une relation résonante est celle d'un sujet au monde, l'un et l'autre suffisamment ouverts pour entrer en relation et suffisamment stables et fermés pour avoir une fréquence propre, pour « parler de leur propre voix ».

ralentissement, temps accru avec mes proches, moins de stress et d'obligations. Une sensation de soulagement s'est installée. Je me réveillais le matin en me disant que j'avais le temps de vivre. J'étais là, à profiter de ce temps qui m'apparaissait comme étant offert. J'ai ressenti le besoin de vivre le « moment présent ». Le temps de sentir, ressentir, observer, analyser ce qui est là, « ici et maintenant ». Comme une parenthèse douce dans un cocon où je constatais l'indissociabilité entre la liberté et la nécessité, entre le grand et le petit. Liberté dans la contrainte et nécessité dans la liberté, le confinement subi se transformait en temps choisi. Une collègue thérapeute m'a récemment dit : « Je me suis sentie aussi libre que si j'avais pu aller très loin. »

J'ai ressenti une vitalité que je ne connaissais plus depuis longtemps. Pour paraphraser Hartmut Rosa, j'ai pu « rendre mon monde indisponible[10] ».

Rosa insiste ainsi sur la nature de notre relation au monde, dans le monde : « Respirer, manger, ne pas l'instrumentaliser, mais s'accorder avec lui, chanter, exacerber ce que les Modernes avaient aussi entrevu, la sensibilité de l'âme, l'importance des passions[11]. » J'ai eu le sentiment d'entrer en résonance avec moi-même, avec une sorte d'essentiel qui prenait le pas sur l'urgence. Fertile aussi au sens de la qualité des liens, tant avec mes proches qu'avec mes patients. La contrainte du confinement m'a amené, sans le conscientiser au début, à hiérarchiser, à choisir mes liens, les liens qui me font du bien, et à agir concrètement en ce sens.

Pour autant, tout ne fut pas que fertile. Si la sidération, le sentiment que quelque chose nous échappait à tous, m'a ouvert à accueillir cette nouvelle exploration personnelle, le confinement n'a pas coupé tous les liens avec l'extérieur, notamment les liens numériques.

10. Hartmut Rosa, *Rendre le monde indisponible*, La Découverte, 2020.

11. Hartmut Rosa, repris par Géraldine Mosna-Savoye, sur France Culture, « Le Journal de la philo », 2018.

Le ralentissement que j'ai constaté et ressenti a assez rapidement été rattrapé par la nécessité de me sentir en lien avec le monde. Nécessité vertueuse dans la transformation immédiate de mon métier d'accompagnant, le face-à-face réel laissant la place, pour certains, au virtuel par vidéo ou par téléphone. Nécessité plus vicieuse, quand je me rends compte que j'ai du mal à lâcher mon téléphone, objet qui permet d'être connecté en temps réel avec le reste du monde, même dans cette période de restriction de déplacement physique. Je dis plus vicieuse, car je ressens la plupart du temps que ces connexions ne sont pas nécessaires à mon bien-être, voire plutôt l'inverse, cela ramène de la tension et du figement. Me retirer complètement de la société n'aurait pas de sens, pour moi qui ai besoin de liens avec les autres, avec l'extérieur. Mais je prends conscience d'un besoin de rééquilibrage, d'alignement différent entre mon « intime » et mon « social » et leur interaction est bousculée durant cette période inédite.

Il y a là un nouvel équilibre à sentir, à trouver. Je sens l'avoir en partie trouvé dans l'amour de mes proches, le lien avec mes patients et les gens qui me font du bien, dans un ajustement créateur plus que dans une adaptation subie. Concrètement, cela s'est manifesté quand je me suis donné du temps réel comme virtuel avec les personnes que j'aime, ma compagne, mes enfants, ma famille proche, les amis qui me sont chers, par la mise en place d'activités artistiques que j'aspirais à découvrir depuis très longtemps, je n'avais jamais le temps ! J'ai aussi découvert des sensations, des endroits nouveaux à l'intérieur et à l'extérieur de moi, dans ma maison, mon jardin, en méditant seul et en lien. J'ai enregistré des méditations guidées par le son et par la voix que j'envoyais à mes patients, à des collègues et à des amis. Dans tout cela, je me sentais en congruence. Et, si je reste sur la métaphore du cri, je pourrais dire que ce confinement me renvoie dans mon vécu intime à pousser un cri de joie plutôt libérateur.

Ce vécu intime et personnel plutôt positif s'est confronté et téléscopé au vécu des personnes que j'ai accompagnées, mes patients en vidéo et des personnes en difficulté sociale avec qui je parlais chaque semaine bénévolement dans le cadre d'une cellule d'écoute psychologique. Et là, j'ai senti un double mouvement, pouvant apparaître contradictoire. Pour certaines, très clairement, le confinement creuse les inégalités et, en fonction de leur situation économique, familiale et de leur logement, ce n'est pas la même vie qui s'installe pour ces semaines, et ce temps dont on ne sait combien il va s'étirer. Le contenant devient insécurisant, confine l'espace et le temps, distord les liens, exclut l'intime. J'ai entendu ce cri de détresse chez bon nombre de personnes en difficulté sociale ou familiale. Le confinement a eu alors un effet accélérateur de crise, se caractérisant par un épuisement psychique qui s'ajoute le plus souvent à une précarité sociale accrue dans cette période. Pour d'autres, elles vivent ce que certains ont appelé le « syndrome de la cabane ». Au sens où le confinement a produit chez elles une sensation d'apaisement due à deux phénomènes distincts : « Tout le monde est confiné donc je me sens moins seul, moins montré du doigt dans mon décalage social. » ; « Le confinement me fait du bien car ne plus pouvoir sortir me permet de ne plus me sentir obligée d'être en contact avec l'extérieur, avec ce monde que je ressens comme agressif[12]. » L'angoisse présente est alors plus une angoisse du déconfinement que du confinement. Je viens de décrire ce « syndrome de la cabane » vécu par des personnes habituellement en isolement existentiel et en difficulté socio-économique qui éprouvent du mal à s'intégrer dans la société telle qu'elle est. Mais il fut également vécu par des personnes dites « intégrées », pour lesquelles cette décélération comme cette restriction de l'espace d'action ont été sources d'une pause qui les a ressourcées face à la frénésie et la course de leur monde habituel au quotidien.

À ce cri de colère face à l'inégalité sociale, qui se creuse irrémédiablement dans la société d'aujourd'hui, s'ajoute une profonde

12. Extraits de séances avec mes patients.

inquiétude face à ce modèle de la modernité qui pousse à aller toujours plus loin, plus fort, plus vite, modèle qui détruit la planète à petit ou grand feu et épuise psychiquement les humains. Hartmut Rosa met en garde contre cette « voie moderne et technique qui provoque une peur de se rendre indisponible, ce qui déclenche une agression vis-à-vis de la nature et vis-à-vis de nous-mêmess[13] ».

Rien ne semblait pouvoir s'arrêter, l'accélération était en marche, et c'était « marche ou crève ». La modernité, le progrès et la croissance ont besoin d'un monde en mouvement permanent. On cherche à capter la coopération des personnes – se déplacer, se connecter, se nourrir, consommer, produire. Tout est fait pour faciliter les gestes, enlever les contraintes, pour rendre disponible l'humain afin qu'il produise toujours plus de liens comme de biens, jusque dans le lien intime à soi-même (même la méditation et le yoga deviennent des produits « nécessaires » pour permettre la « bonne vie réussie »). Jusqu'à cette crise du Covid-19…

Une crise sanitaire de cette ampleur due à un « petit » virus agressif, mortel, venant de Chine, paralysant presque toute la planète, personne n'y croyait.

Et notre système économique mondial, prétendument ultramoderne, technologiquement performant, n'a pas réussi à endiguer sa propagation en pourvoyant au besoin de millions de masques et de tests de dépistage. Il est donc fragile et peut échouer.

C'est à la fois révélateur et rassurant, révélateur de ce que nos systèmes ne peuvent pas tout contrôler, rassurant car cela démontre qu'on peut freiner cette course du « toujours plus », ce qui semblait ne

---

13. Hartmut Rosa, *Résonance. Une sociologie de la relation au monde,* La Découverte, 2018.

jamais pouvoir l'être, et permettre au plus grand nombre de prendre conscience que le changement est inéluctable.

Mon regard sur la gestion de la crise par nos gouvernants

Face à cette situation, ils sont restés un moment dans le déni, ce qui a occasionné, aux dires de beaucoup, un retard préjudiciable. Puis, prenant conscience de la gravité et de la menace, ils ont repris le contrôle : les dirigeants politiques préfèrent montrer qu'ils savent, même s'ils ne savent pas. Ils sont entrés alors dans un système d'information nécessaire mais souvent contradictoire qui, censé nous protéger, nous rassurer, nourrit jour après jour la peur. Il ne s'agit pas pour moi d'affirmer : « Même pas peur », car il y avait effectivement des raisons objectives d'avoir peur de la dangerosité de ce virus inconnu. Il s'agit de constater cette stratégie de nos gouvernants : savoir, informer, rassurer, entretenir la peur.

Je suis retombé récemment sur une conférence de Gilles Deleuze en 1987 : « Informer, c'est faire circuler un mot d'ordre... On nous communique une info en l'état, en devoir de croire, ou de faire comme si on croyait... nous entrons ainsi dans des sociétés de contrôle[14]. » Et dans ces sociétés, cultiver la peur est une arme des gouvernants pour mettre au pas l'élan démocratique individuel et collectif, et sans doute encore plus en état d'urgence... et nous nous sommes, sans contestation, retrouvés assignés à résidence. Sincèrement, je ne sais pas s'il fallait qu'on soit tous confinés ou pas, ce n'est pas l'objet de ma contribution, et je n'ai pas la compétence pour trancher cette question. J'observe simplement qu'entre le virus et la nécessité sanitaire de l'endiguer, se perpétue une machine politique qui ne dit pas son nom.

14. Gilles Deleuze, « L'art et les sociétés de contrôle », extrait de la conférence donnée dans le cadre des « Mardis de la Fondation », le 17 mars 1987.

Et cette machine a mis la référence au « savoir » au cœur de sa mécanique

J'ai été frappé depuis le début du confinement de constater que la référence au Savoir avec un grand S était omniprésente et partie intégrante d'une forme de contrôle, aussi politique que médiatique. En exprimant cela, loin de moi l'idée de dire que nous n'avons pas besoin de savoir, ni de connaissances. Le savoir, quand il est partagé et transmis, est une nourriture de vie et de liens. En revanche, quand il est là pour gagner, se distinguer, voire humilier l'autre, il n'a, pour moi, plus la même forme et participe à scinder la société. Nous avons entendu et vu ceux qui savaient avant, ceux qui avaient alerté à propos d'une catastrophe, ceux qui, enorgueillis du savoir reconnu du monde médical, s'essayaient à énoncer des solutions, des remèdes, des traitements non prouvés, ceux qui se proclamaient « sachants » du fait de leur parcours, de leur formation. J'ai eu la sensation d'être envahi par une sorte de frénésie de compétition, à qui serait le premier à savoir et trouver la solution.

Un des clivages insidieux qui marque cette crise est celui entre les soi-disant sachants et les ignorants, un petit nombre de sachants et une masse d'ignorants qui suivent et exécutent. Déresponsabilisation, absence d'autonomie de décision pour soi, culpabilisation si on ne suit pas les règles, sont alors les messages qui dominent et circulent.

Nos gouvernants ont consulté et se sont abrités derrière ces savoirs, miroirs aussi profonds que l'inconnu de cette crise, pour gouverner, garder le contrôle, dans cette période historiquement et scientifiquement inédite.

Et si nous acceptions de ne plus savoir ?

Accepter de ne plus savoir, c'est revenir en conscience à ce qui est là, ce qui se passe ici et maintenant, en prenant en compte la situation avec ce qu'elle a de mystérieux, d'inconnu. C'est sortir du figement d'un monde maîtrisé et prévisible, qui peut être dramatique pour une société, et faire le pari d'un mouvement où le dialogue est préservé et où l'incertitude est cultivée. La vitalité émerge alors face à quelque chose qui nous échappe.

« Ne plus savoir, ce n'est donc pas négliger ce qui a été pensé antérieurement, c'est le restituer comme pensée en devenir, et non comme savoir établi[15]. » C'est sortir d'un figement caractérisé par le contrôle et choisir le mouvement qui nous fait entrer en résonance et en dialogue avec l'autre quel qu'il soit. C'est choisir la véritable rencontre, la relation à l'autre, la relation au monde.

Comme psychothérapeute, cela me renvoie à la place que j'accepte de donner aujourd'hui à l'inconnu dans l'accompagnement, d'où tout peut émerger, en assurant la sécurité du patient comme du champ thérapeutique. Le patient et moi pouvons alors lâcher la tentation de maîtrise et du « savoir », pour nous laisser aller ensemble, vagabonder sur un chemin dont on ne connaît ni l'un ni l'autre la destination. Cet espace qui s'ouvre permet véritablement l'acceptation d'une co-errance.

Si je fais le lien avec la situation actuelle, « "Ne plus savoir" permet de laisser de côté la question du vrai et du faux ; en revenir à la dimension phénoménologique, c'est, à mes yeux, ce qui peut nous permettre au mieux d'échapper au dogme, de toujours remettre en questionnement nos prétendus savoirs, tout en restant cohérents[16]. »

Accepter ce phénomène amène naturellement à changer de posture, une posture plus humble, humaine et congruente. Et n'est-ce pas de cela que nous avons le plus besoin de la part des personnes qui sont censées gouverner le monde ?

---

15. Jacques Blaize, *Ne plus savoir. Phénoménologie et éthique de la psychothérapie*, L'Exprimerie, 2001, p. 19.
16. *Ibid*, p. 18.

Conclusion : du chaos à l'alignement

Le mot « crise » en chinois :

危 机

DANGER OPPORTUNITE

Le mot « crise » est composé de ces deux caractères. Le premier caractère, « danger », représente un homme au bord d'un précipice. Le second signifie « opportunité », « chance ». Pour les Chinois, les deux mots ne s'opposent pas, comme c'est le cas en français. Dans la période que nous traversons, c'est intéressant à regarder, car ils associent le vide et le plein, ce qu'on voit et ce qu'on ne voit pas, ce qu'on sait et ce qu'on ne sait pas. C'est une association dynamique fertile et non une opposition stérile. C'est donc accepter la double dimension d'une crise.

Accepter le chaos généré par cette crise sans précédent, c'est prendre du recul et le temps d'écouter les cris qui résonnent en chacun de nous. C'est laisser agir ce que Rosa appelle la « résonance », à savoir « une conscience profonde et existentielle », une conscience qui nous relie à la fois à nous-mêmess et au monde.

Cette pause inattendue, imprévisible, inédite nous fait prendre conscience de la fragilité de la vie : « Mais [elle] nous fait prendre conscience que la vie humaine est totalement vulnérable et, plus que cela, qu'elle est imprévisible, incontrôlable[17]. » C'est ce retour sur soi

17. Hartmut Rosa, « Le miracle et le monstre, un regard sociologique sur le coronavirus », *AOC journal*, avril 2020.

en lien avec le monde qui peut nous ouvrir à d'autres modèles, nous inciter à regarder différemment la vie et notre passage dans l'existence.

En cela, cette crise nous invite à aller au-delà de nos peurs, et notamment la plus fondamentale, la peur de la mort, pour pouvoir ouvrir notre cœur. L'ouvrir en quête de douceur, de douceur avec soi-même, de douceur dans le lien avec ceux que j'aime, douceur avec ceux que je côtoie, douceur avec la terre que je foule. L'ouvrir aussi en quête de justesse dans ses ressentis, ses choix et ses actions.

Une sorte d'appel à la congruence, un alignement de ses perceptions (émotions et corps), paroles, valeurs et actions qui nous permet alors de faire vivre ensemble deux énergies fondamentales, qui souvent s'opposent, présentes dans les deux cris que j'évoquais en introduction : « Le guerrier toltèque, selon Carlos Castaneda, doit continuellement garder à l'esprit que la mort le suit toujours de quelques pas. Selon lui, la conscience lucide de cette omniprésence de la mort fait de l'être humain un guerrier et un sage[18]. »

Au fond, nous ne savons pas réellement ce que nous avons à transformer, à métamorphoser, pour un monde plus juste et plus humain, pour toute l'humanité. En revanche, nous pouvons sentir ce qui est juste pour nous-mêmes, l'exprimer, le partager, avec la conviction que cela peut aller bien au-delà de chacun d'entre nous. C'est accepter la diversité et la complexité de cette somme des parties qui forme un tout... Chacun, là où nous sommes, y compris et peut-être encore plus ceux qui ont le pouvoir politique, économique et social dans cette société ébranlée par ce que nous traversons, a le pouvoir d'être authentique, le pouvoir d'être humaniste. Nous sommes libres de nous (ré)approprier ce pouvoir d'agir, c'est notre droit de naissance !

---

18. Dominique Vincent, *Au cœur du pouvoir, le Jeu du Roi*, Le Souffle d'Or, 2012, p. 276.

Jean-Philippe Magnen, gestalt-thérapeute depuis 2007, exerce son métier avec responsabilité et passion pour accompagner individuellement ou collectivement des personnes vers un mieux-être. Il est également animateur accrédité du jeu du RoiReine ©, un jeu de rôles qui amène à explorer son propre rapport au pouvoir et au leadership. Enfin, il enseigne et pratique la méditation, notamment les méditations actives.

Il est cocréateur des rencontres « Nouveaux pouvoirs, nouveaux leaders », Nantes 2017, Valence 2018.

Engagé en politique dans le parti écologiste en France pendant quinze ans, il y a exercé des responsabilités locales (adjoint au maire de Nantes et vice-président du conseil régional) et nationales (porte-parole d'Europe-Écologie les Verts).

Il est le coauteur de Pour une économie alternative et solidaire *(2002),* Action publique et économie solidaire *(Erès, 2005) et* D'autres monnaies pour une nouvelle prospérité *(Le Bord de l'eau, 2015).*

L'immunité spirituelle.
C'est aujourd'hui que l'après se construit

Par Sophie Andrieu

Réparer les blessures de la Terre, c'est aussi
apprendre à réparer les nôtres.
Wangari Muta Maathai, biologiste, prix Nobel de la paix 2004

Printemps 2020 : 3,9 milliards de personnes sont contraintes ou incitées à rester chez elles dans près de quatre-vingts pays. La moitié de notre humanité va plonger dans le silence.

Notre immunité spirituelle peut-elle nous préparer à ce qui vient ?

Le miracle de la métacrise

J'échange avec le chef de liaison des Nations unies basé à New York, notre prochaine entrevue sera à Dakar pour le sommet africain. Pourtant, dans quarante-huit heures à Paris, l'exécutif annoncera notre privation de liberté, qui donnera naissance à une évasion intérieure pour certains et pour d'autres à la traversée de la nuit noire de l'âme.

L'évasion intérieure est une quête pudique, indifférente au bruit et à la fureur de l'agitation capitaliste. C'est planer à l'intérieur de soi paisiblement, au-dessus du monde des conditions et des réactions pour faire émerger notre solidarité créative. C'est tout simplement être un citoyen autonome.

La nuit noire de l'âme est quant à elle « une déchirure que nous faisons entre nos vieilles habitudes cellulaires et un autre état d'âme lumineux dont nous n'acceptons pas encore l'intensité ». Ce passage d'effondrement de soi fait ressurgir toutes les peurs et les doutes au moment où nous croyons tout savoir et où tout nous réussit. Mais, surtout, lorsque nous refusons d'admettre que nous attirons les problèmes que nous portons en nous.

Alors, pourquoi ce qui ne nous tue pas nous fait-il paniquer ?

Le coronavirus de cette année ne sera pas le dernier. Nous devons maintenant apprendre à vivre dans l'incertitude, plutôt que de nous laisser surprendre par elle.

Je mets fin alors à la conversation téléphonique avec cet homme aux commandes d'une organisation qui m'offre les moyens d'accompagner les émotions de la Terre et d'incarner une nouvelle vision de l'économie, parce qu'il est essentiel d'y introduire le sacré de notre humanité.

Ses derniers mots seront :

« Imagine ! Cette pandémie, aussi funeste soit-elle, va mettre sous silence la crise écologique, le terrorisme et la disparité entre hommes et femmes en moins de trente jours ! »

Les miens :

« Imagine que nous allions imiter la Chine, un gouvernement oppressif et totalitaire… »

Notre silence s'engage.

La spiritualité peut alors éclore naturellement, comme dans chaque crise depuis que l'homme a quitté la quête pour la conquête ;

il se recharge en émotions positives, et cherche une nouvelle ère pleine de promesses après avoir été exposé à des visions pessimistes. Comme vous, j'observe que la pudeur a invité l'autocentré à se taire, mieux : une complicité citoyenne se développe. Nous restaurons paisiblement notre lien à la résurgence de la nature. Nous pouvons alors nous engager seul ou en famille dans le sens véritable de la vie : dormir-manger-créer. Mais pour combien de temps ?

À l'inverse de la crise sanitaire du Covid-19, la crise écologique a une dimension existentielle unique dans l'histoire de l'humanité.

L'humanité au cœur du tissu de la nature

Le confinement nous a intimé, de manière plus pressante que jamais, de développer de l'élasticité en nous et de poser les bases d'un nouveau rapport au monde.

J'espère que vous saisirez cette pause pour faire la différence et reconnaître que nous sommes tous munis, dès notre naissance, d'une connaissance intuitive : celle de notre identité profonde et de la manière de mener notre vie.

La course au succès de soi, portée par un oligopole – le règne d'un petit nombre – est devenue un modèle obsolète ; car une nouvelle vision mutualiste nous permet de voir le monde dans sa globalité : la terre, l'âme, la société.

La société : nous savons déjà que l'effondrement de la civilisation industrielle fondée sur la combustion d'énergies fossiles est imminent. Nous savons déjà qu'une troisième révolution industrielle verte offrira la dernière grande vague d'emplois (car les robots et l'IA ne suffiront pas) pour désactiver et démanteler les infrastructures fondées sur les combustibles fossiles et le nucléaire. Il faudra former des milliers de gens pour créer, transformer et accueillir les énergies solaires ou les autres énergies renouvelables.

Et nous savons que la communauté financière investit dans les énergies et technologies zéro carbone, mais il nous faudra être créatifs pour vaincre nos automatismes, refuser le consumérisme et fixer ensemble la fin de la mondialisation.

Mais il reste une seule question : as-tu la volonté de repenser ton rapport à la planète ?

L'âme : pour répondre, j'ai eu recours à la transe profonde, je vous dépose ici ce dialogue avec les anges dans sa forme spirituelle, écologique, familiale et économique.

« L'âme est protégée par une immunité spirituelle qui repose sur deux piliers : l'interconnexion et le partage. L'interconnexion permet d'imaginer différents chemins pour nous réparer. Le partage permet d'offrir notre singularité pour restaurer notre relation à la Terre et entre Terriens. »

Mais surtout, l'âme est le levier pour relever le plus grand défi de l'humanité : apprendre à dissoudre les inégalités pour consolider une paix intérieure et grandir ensemble.

Alors, comment ne pas être un adulte impuissant ?

Il est nécessaire de reconnaître l'influence de l'esprit sur la matière et d'élucider notre utilité sur terre. Notre seule contrainte inhabituelle est de nous engager dans notre autonomie et d'entraîner son perfectionnement.

Bien sûr, il y aura une *to-do-list* qui demandera de grands efforts pour agir concrètement :

– protéger l'immunité cellulaire grâce à une alimentation saine et de proximité ;

– nous rapprocher des émotions de la Terre pour traiter les nôtres ;

– faire confiance à l'âme humaine dont la puissance stoppe les attaques, les critiques, pour ne plus nous condamner ou condamner les autres.

La Terre : une cruelle réalité est apparue, notre humeur face à cette crise sanitaire est la synthèse de notre relation à la Terre.

Il existe encore certaines ethnies qui associent depuis des millénaires l'énergie quantique et la sagesse ancestrale pour privilégier une plénitude de vie en communauté. Représentés par les peuples premiers qui rompent actuellement le silence pour nous apprendre à réparer nos écosystèmes. Ils savent comment équilibrer l'hydrosphère de la Terre, essentielle à la vie. Ils savent communiquer avec les âmes du peuple animal et végétal. Jadis, les Grecs disaient : « *Pan metron ariston* », « Tout en bonne quantité, c'est mieux » ! Cette crise permet alors le retour au bon sens, la fin de l'individualisme et le retour aux tribus.

Aujourd'hui, nous savons que cette dualité, le bien et le mal, n'est que le fruit d'une morale obsolète. Et qu'une trinité persiste depuis 27 millions d'années : la femme, l'homme, la nature (dans l'ordre alphabétique, bien sûr !)

Voilà, je vous souhaite de vous rapprocher de vous-mêmes pour donner l'envie aux autres. D'inviter dans vos maisons l'humour, qui offre le recul et la persévérance.

Mais surtout d'entreprendre maintenant ce que vous avez toujours eu envie de faire vraiment !

*Pionnière de l'*empowerment *féminin en Afrique, Sophie Andrieu est une aventurière spirituelle de terrain. Soutenue par les Nations unies et le CNRS, sa fondation Women in Action a construit des coopératives féminines, planté huit millions d'arbres et développe actuellement Mums for Mums en Éthiopie. Ambassadrice des Nations unies (UNCCD) et membre émérite de la Ligue universelle du bien public, Sophie puise sa force dans le* channeling, *procédé de communication avec la sagesse du monde invisible et puissant accélérateur de conscience qui lui a permis d'être la voix de cette pratique en France et au Canada. Auteure de* L'Autonomie spirituelle *(éditions Ariane inc.), elle a créé une formation en ligne, Become a channel & healer for a new world, qui est un best-seller.*

Prendre soin de notre énergie créative pour inventer de nouveaux chemins

Par Sébastien Henry

Lorsque la perspective d'un confinement et la fermeture des écoles sont annoncées au début du mois de mars, je suis avec un groupe de personnes pour lesquelles j'anime un séminaire. Une onde de choc traverse le groupe. Je sens l'effet de sidération, en moi et autour de moi.

Les parents d'enfants scolarisés, en particulier, semblent ébranlés. C'est l'ensemble de leur mode de vie et de leurs projets qu'il faut repenser. Les semaines à venir vont être un casse-tête. Il y a de la gravité et de la concentration sur les visages. Je sens que chacun réfléchit intensément pour chercher des solutions aux problèmes les plus urgents. C'est aussi le cas pour moi, qui suis père de deux enfants de cinq et sept ans et me déplace régulièrement.

Quand autant de chemins se ferment, il y a de nouveaux chemins à tracer.

Quand nos habitudes sont bousculées, c'est le moment d'en créer de nouvelles.

Quand l'avenir se brouille, il devient essentiel de l'inventer.

Lorsque le confinement commence et que certains évoquent le risque d'une pénurie de produits alimentaires, je me dis que l'énergie créative sera une des denrées les plus précieuses pendant cette période que nous allons collectivement traverser. Et je prends la résolution qu'elle soit pour moi la plus créative possible, et pour mes enfants une expérience dont ils se souviendront avec nostalgie des années plus tard, comme un moment riche auprès de leurs parents.

Dans notre vie ordinaire, nous ne prenons pas vraiment soin de notre énergie créative. Nos écoles et la plupart de nos métiers ne la placent pas en haute priorité. Nous livrons notre créativité au hasard : parfois nous sommes créatifs, et parfois nous ne le sommes pas, sans que nous comprenions bien les conditions qui déterminent l'un ou l'autre état.

Pendant ces cinquante-cinq jours de confinement, notre énergie créative a semblé plus précieuse que jamais, car il nous a fallu inventer, nous adapter, nous ajuster, encore et encore. Surtout, beaucoup d'entre nous ont été placés en contact plus étroit avec deux sources majeures de créativité, dont nous nous privons trop souvent au quotidien : les enfants et, paradoxalement, la nature.

Lors de sessions de méditation et de partage que j'ai organisées en ligne tout au long de la période de confinement, pour venir en soutien aux personnes de mon réseau, j'ai reçu de nombreux témoignages d'hommes et de femmes qui sont venus y puiser régulièrement.

Avec le recul limité dont nous disposons maintenant, il me semble qu'un des enseignements de ce confinement est que nous pouvons apprendre à prendre soin de notre créativité avec davantage d'attention.

Même si la période de confinement est désormais terminée, les conséquences profondes sur notre société comme sur la sphère individuelle et familiale font qu'il y a toujours de nouveaux chemins à inventer. Pour notre famille et notre métier, pour notre société, mais aussi pour notre planète en souffrance.

Les enfants : une charge ou une source de créativité ?

Les enfants sont souvent perçus comme une charge, une dépense d'énergie qu'il faut essayer de gérer au mieux. Cela a été certainement le cas pour de nombreux parents et à de nombreuses reprises pendant le confinement.

Les enfants en bas âge, notamment, consomment une énergie considérable, ce qui peut être très difficile à concilier avec la nécessité de travailler à la maison, comme cela a été le cas pour un certain nombre de parents pendant le confinement.

Pour avoir animé plusieurs sessions de méditation à destination de parents pendant le confinement, j'ai éprouvé à plusieurs reprises une forte compassion à l'égard des parents isolés : quand aucune pause n'est possible alors même que nous touchons nos limites physiques et nerveuses, nous perdons la justesse de nos paroles et de nos gestes, et cela peut être une vraie souffrance.

Faire ce constat n'empêche pas d'observer que se trouver auprès d'enfants constitue aussi une vraie source de créativité. Combien d'histoires et de jeux ont-ils inventés pendant ces cinquante-cinq jours de confinement ? Combien de dessins ou de bricolages ont-ils réalisés ? Chaque jour ou presque, j'ai pu observer mes enfants lancés dans une histoire qu'ils s'étaient forgée.

Quand les bûches trempées s'enflamment

En matière de créativité, nous, adultes, sommes des bûches trempées en comparaison des enfants, bûches aux flammes vives. Et le meilleur moyen pour une bûche trempée de reprendre feu est de rester suffisamment au contact de bûches enflammées.

Bien avant le confinement déjà, assis sur le canapé de notre salon avec mes enfants alors âgés de trois et cinq ans, j'avais pris un jour conscience de la puissance du réveil créatif qu'ils avaient provoqué en moi en les écoutant faire la liste des jeux que j'avais inventés pour eux, avec à chaque fois le souvenir de moments de complicité, de rire ou de douce folie. Pour garder en mémoire tous ces jeux lors de mes vieux jours, j'avais alors commencé à les noter sur un carnet.

À mesure que la liste s'allongeait, je sentais l'émotion monter en moi. Quoi ? moi qui ne m'étais jamais considéré comme particulièrement créatif, j'avais ainsi su inventer près de vingt jeux en quelques années, et créer tant de bons moments avec mes enfants ? Je me suis alors senti étonné, joyeux et fier.

Pendant le confinement, j'ai « sanctuarisé » près de trois heures par jour pour jouer avec eux – environ une heure le matin et deux heures après le déjeuner. Des moments de la journée inviolables, que j'ai protégés des interruptions possibles en coupant la connexion de mon téléphone. Avec l'idée qu'un sanctuaire ne se piétine pas car il est précieux et doit être respecté.

Au cours de ces cinquante-cinq jours, il est arrivé régulièrement que ma créativité semble en panne pour leur proposer des activités pendant ces heures passées ensemble. Mais il me suffisait alors souvent d'entrer dans le jeu avec eux, de me glisser dans leur imaginaire. Le jeu est un langage magique pour éveiller notre créativité. Dans l'acte même de jouer nous est donnée l'occasion d'éveiller notre énergie créative, toujours présente en nous mais parfois en sommeil ou étouffée par la masse des préoccupations.

Le jeu comme langage privilégié des enfants

Pour le psychologue américain Lawrence Cohen, le jeu est un des meilleurs moyens de connexion avec les enfants, car il s'agit de leur langage de prédilection. Un enfant qui a passé une mauvaise journée à l'école ne dit pas à ses parents : « J'ai eu une journée difficile, peut-on en parler ensemble ? », mais « Est-ce que tu peux jouer avec moi ? »

Ne jamais jouer avec un enfant, c'est comme vivre auprès d'un adulte sans jamais lui parler.

Cohen fait même du jeu son approche privilégiée pour entrer en contact avec les enfants qui lui sont confiés en tant que psychologue, puis pour les accompagner dans son travail thérapeutique. Cette attention au jeu est aussi la sienne en tant que père. Dans son livre *Playful parenting*[19], il donne de multiples exemples de moments ludiques avec sa fille, et recommande aux parents de ne pas négliger ce qu'il perçoit comme un excellent moyen de tisser un lien fort avec ses enfants.

Pendant ce temps de confinement, j'ai la sensation souvent joyeuse de renforcer par le jeu le lien avec mes enfants, tout en stimulant ma créativité.

19. Lawrence Cohen, *Qui veut jouer avec moi ?,* J.-C. Lattès, 2013.

En tant qu'adultes dans une société normée, notre créativité est souvent somnolente. À moins que nous n'exercions une profession dite créative, cette force n'est pas souvent sollicitée au quotidien. Un contact régulier avec les enfants aide à la réveiller, notamment dans les moments de jeu, quand leur propre force créative est la plus intense.

Nous récupérons alors une part de nous-mêmess que nous n'aurions jamais dû perdre. Que nous soyons croyants ou non, la plupart d'entre nous font le constat qu'il y a à l'œuvre dans le monde – dans la nature en particulier – une immense force créative. En tant qu'être humain, nous possédons tous une parcelle de cette force. Parvenir à la rendre vivante en nous procure la sensation de revenir à nous-mêmess, à la plus belle partie de nous-mêmess. C'est probablement une des joies les plus profondes que nous offre la vie.

Avec la fin du confinement et la reprise d'une vie « normale », il m'est apparu flagrant que le contact avec les enfants est une source de créativité dont nous nous privons trop souvent quand nous ne sommes pas confinés avec eux.

Combien de temps passons-nous à leur contact en moyenne ? Tout dépend de notre rythme de vie, mais beaucoup de personnes qui vivent et travaillent dans des grandes villes – où le temps de transport s'ajoute aux journées de travail – n'ont plus qu'un contact limité avec les enfants, même avec leurs propres enfants. Et en tout cas peu de temps pour jouer.

Une société débarrassée des enfants

En fait, nous sommes une société qui est parvenue en grande partie à se débarrasser des enfants, essentiellement pris en charge par l'institution scolaire et de multiples activités extrascolaires. C'est quand nos écoles ont fermé, depuis la première fois depuis plus de soixante-dix ans, que nous avons pu pleinement mesurer le rôle qu'elles jouent dans nos vies.

Personnellement, une des leçons que j'ai tirées du confinement, c'est que je veux continuer de « sanctuariser » davantage de temps de jeux avec mes enfants comme je l'ai fait pendant cinquante-cinq jours. Cela suppose pour moi d'être davantage vigilant quant au nombre de mes déplacements, et de veiller à être présent pendant la période du retour de l'école, pour nous offrir ensemble au moins une heure de jeux.

Je suis bien conscient qu'il n'est pas possible pour tout le monde de s'organiser ainsi. En tant qu'indépendant, j'ai la liberté de mon emploi du temps. En même temps, les personnes qui sont indépendantes ou travaillent à la maison savent bien aussi à quel point il est difficile de préserver le temps de famille, face au temps professionnel, qui tend à envahir l'espace privé.

À la recherche d'un nouvel équilibre de vie

Je suis frappé de voir en ce moment autour de moi beaucoup de familles pour lesquelles le confinement a mis en marche une réflexion profonde. Sur leur rythme de vie, le niveau de revenus, et la place accordée aux enfants. Certaines s'orientent résolument vers un mode de vie plus sobre, laissant plus de temps de respiration, et accordant plus d'attention au lien avec les enfants. Même lorsqu'elles y sont contraintes en raison de la perte d'un emploi, elles le font avec la sensation de répondre à une aspiration profonde en germe chez les parents depuis de nombreuses années.

Tout se passe comme si le confinement – expérience collective sans précédent – avait permis pour certains d'entre nous un retour à l'essentiel, trop souvent masqué par l'agitation de nos vies bien occupées. Des vies qui sont parfois passées « sous l'occupation ».

Dans cette réflexion sur l'essentiel de nos vies, il semble que le lien à la nature soit également souvent présent. Le confinement a mis en avant le « déficit de nature » dont souffrent beaucoup d'entre nous.

La connexion à la nature comme source précieuse de créativité

En plein confinement, j'ai vu passer sur les réseaux sociaux un message que j'ai trouvé à la fois drôle et profond. On y voyait deux photos d'une famille. Une première avec la légende « En temps normal », sur laquelle tous les membres de la famille sont penchés sur leur tablette ou leur téléphone. Une autre avec la légende « Pendant le confinement », où l'on voit toute la famille dans la nature, au grand air.

Pendant le confinement, beaucoup d'entre nous semblaient avoir en commun le motto : « Tous dehors ! ». On peut mettre cela en partie sur le compte de l'esprit rebelle des Français. Mais c'est peut-être aussi un phénomène plus profond qui révèle le « déficit de nature » de nos vies.

Rats des villes et rats des champs face au confinement

Le confinement a donné une suite imprévue à l'histoire du rat des villes et du rat des champs :

• les rats des villes, notamment ceux confinés dans les grandes villes, avec leurs parcs fermés, semblaient assoiffés de nature (les plus chanceux ayant un bout de jardin, une terrasse ou un balcon où ils auront passé en cinquante-cinq jours probablement plus de temps qu'en une année entière) ;

• les rats des champs, dans leurs petites villes et leurs villages, savouraient intensément les tranches de nature qu'ils pouvaient s'offrir quotidiennement, même à raison d'une heure par jour et dans un rayon d'un kilomètre.

Dans les deux cas, c'est le caractère crucial de notre lien à la nature qui a été renforcé. De plus en plus de travaux scientifiques soulignent à quel point le temps passé dans la nature nous fait du bien. Dans notre corps même, l'effet positif de la nature peut être de plus en plus précisément mesuré, comme le montre le passionnant documentaire de Pascale d'Erm, *Natura*[20].

Comme pour la méditation de pleine conscience, des travaux scientifiques viennent apporter une validation rationnelle et argumentée à ce que beaucoup d'entre nous ressentaient sans pouvoir vraiment l'expliquer.

Mais je crois fondamentalement que nous avons encore à prendre toute la mesure de ce que la nature nous apporte, notamment pour stimuler notre créativité. Les artistes, ceux et celles qui comptent sur leur force créative pour vivre, savent bien ce qu'ils doivent à leur connexion à la nature. Le livre *Daily rituals*[21], en passant en revue les habitudes de vie d'une centaine de personnalités créatives, montre à

---

20. Pascale d'Erm figure parmi les contributeurs de ce livre. Je vous invite chaleureusement à découvrir ce documentaire.

21. Mason Currey, *Tics et tocs des grands génies : 100 rituels secrets à l'origine des plus belles créations,* Points, 2016.

quel point le temps passé dans la nature est essentiel pour que leur force créative puisse produire ses plus beaux fruits.

La richesse de bains créatifs réguliers

Il y a pour cela des lieux particulièrement vibrants, dans lesquels notre énergie créative semble immédiatement se recharger. Pour avoir marché sur un chemin souvent emprunté par Beethoven dans la vallée de l'Helenthal, dans les environs de Vienne, j'ai ainsi compris à quel point ce lieu était important pour lui. Après avoir longé un ruisseau au cœur de la forêt, il revenait souvent en courant, impatient de traduire sur le papier l'inspiration qu'il y avait puisée. En ce qui me concerne, c'est un lieu en forêt à dix minutes à pied de chez moi qui ne manque jamais de me remettre en contact avec la plus belle partie de moi-même : la plus apaisée mais aussi la plus créative.

En dehors de ces lieux hors du commun pour nous, je suis prêt à parier que des travaux scientifiques pourront montrer un jour que ce qui se passe dans notre corps – et particulièrement dans notre cerveau – quand nous sommes immergés dans un espace de nature, favorise les élans de créativité.

Les nombreux promeneurs que j'ai vu passer à proximité de ma maison en direction de la forêt pendant le confinement – un itinéraire d'ordinaire totalement délaissé – en auront-ils fait l'expérience ? Ces cinquante-cinq jours de confinement auront-ils amené à une prise de conscience du caractère précieux de ces immersions en forêt ?

Ou bien le temps passé au contact de la nature va-t-il être, de même que le temps de jeu avec des enfants, repoussé vers le bas de la liste des priorités dans nos vies de nouveau bien occupées ? Ces temps seront-ils de nouveau disponibles « quand nous pourrons », c'est-à-dire quand les autres priorités auront été prises en compte, autrement dit rarement ?

Personnellement, une expérience forte, la nuit du déconfinement, a achevé de me convaincre que je devais mettre cette connexion en plus haute priorité encore. Cela fait plusieurs années que je sanctuarise dans mon emploi du temps une marche hebdomadaire en montagne. Je la protège farouchement des perturbations possibles, en particulier des urgences qui pourraient m'amener à la repousser à la semaine d'après. Je parviens à la préserver dans la quasi-totalité des cas et me dis à chaque retour vers la vallée que je n'aurais pas pu concevoir plus bel usage de mon temps. J'en reviens à chaque fois régénéré, créatif et joyeux, avec un tout nouveau regard sur les problèmes du moment.

La nuit du déconfinement m'a apporté une autre dimension. Passée à la belle étoile dans un grand champ en bord de forêt, elle a été immensément riche, porteuse d'un flot d'idées qui ont permis à un livre entier de prendre forme en mon esprit au petit matin. J'avais déjà pris l'habitude au cours des dernières années de dormir à la belle étoile de temps à autre, mais l'expérience du confinement m'a permis de prendre conscience que l'habitude d'une nuit passée chaque mois en intimité avec la nature était un des plus beaux cadeaux que je pouvais me faire. Pour moi qui ai passé vingt ans de ma vie dans des océans de béton (Paris, Tokyo, Hong Kong) et avais complètement rompu avec cette expérience de la belle étoile, le chemin parcouru est immense. Je m'étais tellement habitué à un confort de surface – bien au chaud entre quatre murs – que j'avais même perdu toute envie d'aller au-delà d'un léger inconfort pour prendre de tels grands bains créatifs. C'est à l'occasion de cette période de confinement que j'ai pu pleinement mesurer pour la première fois le cadeau que cela pouvait représenter.

Un cadeau pour nous-mêmess et tous ceux que nous croisons

Comment parler de « cadeaux » du confinement alors que cette période a été terriblement difficile pour une partie de la population ?

Et pourtant, il y a des oasis au cœur de chaque désert.

Pour certains d'entre nous, le confinement aura pu être l'occasion de constater que nous disposons de sources d'énergie créative que nous tendons à négliger, vers lesquelles nous pourrions nous tourner plus souvent. Même si cela est plus facile à dire qu'à faire, cette période de post-confinement peut être l'occasion d'une grande décision vitale, d'une résolution de consacrer une plus grande part de notre vie au temps auprès de nos enfants (ou petits-enfants) et au contact de la nature.

Prendre soin de notre énergie créative, c'est un cadeau que nous nous faisons à nous-mêmess. Mais c'est aussi un cadeau que nous faisons à toutes celles et ceux que nous croisons sur notre chemin. Un cadeau aussi pour notre société, qui laisse trop de personnes à ses marges. Et pour notre planète en souffrance.

Bien sûr, les sources d'énergie créative sont multiples, et les vôtres ne sont peut-être pas liées aux enfants ni à la nature. Dans tous les cas, je vous souhaite de tout cœur de prendre bien soin de votre force créative dans les semaines et mois à venir. Le monde a besoin de notre énergie créative – de votre énergie créative – dans cette période décisive.

Sébastien Henry est écrivain et entrepreneur militant. Il est auteur de cinq livres, dont Ces décideurs qui méditent et s'engagent *(Dunod) et* Ensemble – Agir pour soi et pour les autres. Petit manuel d'engagement au quotidien *(Les Arènes). Il est aussi le fondateur d'une école pionnière visant à mettre au cœur de l'éducation le lien à la nature et la créativité, dans laquelle les enfants passent deux jours par semaine dans la nature (foretdeslucioles.fr). Il médite depuis vingt ans. Auteur de cinq cycles de méditations pour l'application Petit Bambou (dont le cycle « Méditation et créativité »), il a aussi conçu un programme d'accompagnement en ligne pour les personnes qui veulent réveiller ou renforcer leur créativité pour aller au bout de projets qui leur tiennent à cœur (voir : sebastienhenry.fr/creativite).*

Vers une société du prendre-soin

Par Pascale d'Erm

Quelques mots d'introduction…

L'épidémie de Covid-19 et le grand confinement historique que nous avons vécu ont révélé les liens d'interdépendance et de réciprocité que nous avons avec le vivant en matière de santé. Cette expérience donne lieu à une nouvelle conscience écologique issue d'une expérience collective et universelle que j'appelle l'écologie de la santé. Notre santé et celle de la Terre sont UNE. Il n'y a pas de santé humaine possible sans planète saine. La Terre souffre de nos excès, et quand nous sommes malades, elle va beaucoup mieux ! Prendre soin de la Terre et des hommes peut inspirer des politiques nouvelles, des politiques du *care*, où la vulnérabilité est érigée en politique publique, où la voix des plus faibles, vivants et non vivants, compte autant que la nôtre. Nous coexistons avec plus petit et plus grand que nous, nous coexistons avec d'autres que nous. Cette voie de l'altérité nous convainc que nous ne sommes plus « au-dessus », « au centre » et « contre » la nature, mais « parmi », « avec » la nature et « pour » la nature. Nous sommes la nature, nous respirons l'air que respirent les arbres, en nous coulent des rivières de sang, nous pleurons des larmes d'océans, et nous portons la soupe originelle du monde dans nos entrailles lorsque nous enfantons. Nous nous sommes révélés fragiles en tant qu'espèce alors que nous nous croyions invincibles ;

nous nous sommes révélés solidaires alors que nous nous croyions individualistes ; nous nous sommes révélés amoureux de la nature et avons pu ressentir à quel point elle nous était bénéfique durant ce confinement, alors que nous l'avions oubliée. Nous avons été malades d'avoir été oublieux et méprisants à l'égard de ce vivant que nous entendons si nous savons l'écouter. Aucune transformation sociétale ne peut se faire sans renouveler profondément notre lien au monde vivant. Il est temps de prendre soin, de prêter attention, d'adapter notre sollicitude aux besoins de réparation du monde. D'unir nos corps renaissants et nos esprits ouverts à notre âme avide de beau et d'avenir.

***

Nous sommes le 17 mars 2020. Dans deux heures exactement nous allons vivre un mot que nous n'aurions jamais pensé connaître un jour : le confinement. Il y a ceux qui ont la chance de pouvoir s'échapper pour se mettre au vert instinctivement, et il y a ceux qui ne peuvent pas, parce que leur travail ou des proches les retiennent près d'eux. Je suis dans ce second cas. L'Europe est sous cloche. Durant plus de deux mois et demi, je vais survivre, privée de liberté, coupée de mon lien vital à la nature, à la Bretagne, au jardin. Nous sommes dans un bain d'ondes technologiques mais, en moi, plus rien ne vibre. Je dois survivre, c'est-à-dire « vivre au-dessus », suspendue, loin du sol, sans prise de terre. Je vais vivre à l'envers tout ce que je décris dans les recherches que je mène depuis dix ans. Cela en est même parfaitement ironique. Certains pensent le monde de demain, d'autres *pansent* le monde dans les hôpitaux, et moi je vais faire l'expérience de la pensée *a posteriori*… Je vais vivre *a contrario*, démontrer « par l'absurde » que tout ce que j'ai découvert pendant mon enquête sur les bienfaits de la nature depuis dix ans est vrai : privée de mon lien aux parcs et jardins, mon immunité va décliner, je vais tomber en anémie, prendre du poids, faire de l'hypertension, générer des pensées anxieuses, de la dépression…

Durant ces quelque cinquante-cinq jours de confinement, où les certitudes sont rares et les contrevérités fréquentes, nous avons découvert assez vite que, hormis la classe d'âge, le Covid-19 frappe en priorité les personnes atteintes de maladies chroniques non transmissibles, dites « de civilisation » (obésité type 2, maladies cardio-vasculaires, pneumopathies ou affections respiratoires chroniques, hypertension), liées à nos modes de vie et en particulier la sédentarité, la « malbouffe », le stress, le cocktail de pollutions chimiques dans lequel nous baignons.

Nul ne peut plus ignorer désormais ce qu'Hippocrate, l'illustre médecin de l'Antiquité, notait dans son *Traité des airs, des eaux et des lieux* : le mode de vie et l'environnement sont à l'origine de l'apparition des maladies. *« Natura medicatrix »*, ajoutait-il : la guérison se trouve dans la nature. Une nature comprise comme étant autant extérieure qu'intérieure aux hommes, et que nous pourrions aussi appeler aujourd'hui : l'immunité naturelle. Nous sommes étroitement imbriqués dans le monde vivant, jusqu'au plus profond de notre corps et de notre esprit. Durant les mois à venir, où le virus risque encore de rôder parmi nous, l'immunité naturelle est notre assurance vie. Dans ce contexte, chacun devra apprendre à gérer son stress et ses peurs et renforcer sa santé globale, et la nature sera son alliée.

Prendre soin d'elle, non comme d'un objet mais comme d'une parente, d'une âme sœur, c'est prendre soin de nous, des autres et du vivant. De cet attachement peut naître une nouvelle conscience d'appartenir au vivant.

***

Vendredi 20 mars 2020. Écrire est tout ce qu'il me reste, hormis, bien sûr, et ce n'est pas rien, veiller à la sécurité de mes proches.

J'assiste, médusée au ralentissement de notre société dopée à la vitesse. Les stocks de dopamine sont en train de s'écouler sans garantie que la sérotonine, l'ocytocine ou autre hormone du bonheur, ne prenne le relais avant longtemps. Hier, les parcs étaient pris d'assaut par des hordes de parents et d'habitants désœuvrés et déjà assoiffés de nature. Il y a trois jours, c'était le dernier verre, à une terrasse, par une soirée de presque printemps. Nos vies sont devenues des soustractions. Nous nous soustrayons à tout ce qui donnait, croyions-nous, de la saveur à nos jours trépidants. Nous avons besoin de nous replier sur une zone de sécurité. Trouver un nid, une grotte, une caverne ; un lieu sûr, un toit, des objets familiers. Les pigeons font leurs nids aussi. Nous sommes un peu les pigeons du Covid-19, les pigeons de la Chine, de la mondialisation, du capitalisme malade. Lutter contre la peur de ce qui peut arriver pendant, après. « N'ayez pas peur, c'est votre voisin. Tout va bien ? » Nous veillons les uns sur les autres.

Dans deux heures, je ne pourrai plus me déplacer, nous aurons besoin d'attestations pour aller faire les courses.

À quelle fin de monde assistons-nous ? Tout va-t-il vraiment, irrémédiablement, se taire et s'immobiliser ? Le nouveau monde que nous espérions de nos vœux va-t-il surgir de ce chaos ?

Il est midi, trente minutes avant le début du confinement. Les rues de Paris sont désertes, les restaurants fermés, il y a les files devant la pharmacie, les magasins d'alimentation ont baissé leurs rideaux métalliques. Tels des escargots, les Parisiens se sont repliés dans leurs coquilles de pierre haussmannienne. La catastrophe a-t-elle eu lieu ? Je guette les extraterrestres. Le silence enveloppe le bitume dans une soie plissée.

Tout ceci est-il bien réel ? Non, si l'on en croit le chat qui dort, enroulé sur lui-même, comme « avant ».

Dans ce chamboulement, j'ai quelques certitudes et beaucoup de doutes. Comme beaucoup d'écologistes des années 2000, biberonnés aux bilans dévastateurs de la disparition de la faune et de la flore, année après année, et des dérèglements climatiques déjà en cours, j'avais la prescience de ce genre de catastrophe mais pas de la brutalité du basculement. Qu'allons-nous faire de tout ce temps offert de gré ou de force ? Il y a dix ans, j'écrivais trois ouvrages pour la collection « Les Nouvelles Utopies » : *Vivre plus lentement*, *Vivre ensemble autrement* et *Se régénérer grâce à la nature*. Aujourd'hui, nous vivons collectivement les trois utopies réunies. Nous expérimentons collectivement la « grande pause » chère à Patrick Viveret. Forcée, certes, mais radicale. L'occasion de vider la maison, comme nos vies, de tout ce qui n'est pas l'essentiel. Sur la corde.

Évidemment, il y a la peur. Peur de ce qui risque d'arriver, jusqu'à la violence que certains nous brandissent comme ultime horizon de la révolution écologique, peur d'avoir faim, peur de mourir. Il va falloir méditer, libérer des mémoires sacrificielles. Je me sens en synchronicité avec le monde, solidaire, en empathie avec ce qui nous arrive ; en empathie avec les soignants, avec ceux qui souffrent, ceux qui meurent, ceux qui ont peur, ceux qui n'osent plus bouger. Connectée à la matrice de la Terre. J'appartiens au monde. Je suis reliée à la planète par un invisible cordon ombilical depuis le sentiment océanique ressenti sur le Sinaï en 1990. Un cordon qui s'est déchiré pour beaucoup d'entre nous, et qu'il faut retisser au monde.

N'était-ce pas ce que nous voulions, nous les écologistes ? Déjà nos meilleurs ennemis, les collapsologues rigolent sournoisement, avec leurs « je vous l'avais bien dit » oublieux des propos déjà précurseurs de René Dumont, J.-M. Pelt, Pierre Rabhi, Nicolas Hulot, depuis plus de vingt ans.

Chacun de nous est face à ses responsabilités, ses choix, sa vérité. C'est un moment historique inédit, un moment de vérité ultime.

En même temps que se resserre l'espace, se dilue le temps et s'atrophient nos sens. Nous venons à peine d'hériter de temps long, et chacun cherche à le remplir. Je refuse cette pente, je freine, je freinerai encore demain. L'apparente vacuité de mes balcons dissimulait une éclosion de feuillages en préparation, mûris patiemment depuis ces derniers jours et qui n'attendaient qu'un peu de chaleur pour pointer leurs tiges. Je vois l'entortillement savant de la glycine neuve, que je croyais morte, sur les tiges sèches. Qu'est-ce qui est vivant ? Qu'est-ce qui est mort ? Je vois ce qui pousse lentement, ce qui pousse à l'ombre, en silence ; je vois jour après jour l'inéluctable naissance du printemps. Cette opportunité de ralentir vraiment, dans son corps, avec ses microbes, ses artères, son souffle, ne se reproduira pas fréquemment. Nous ne savons pas réellement combien de temps tout ceci va durer. C'est là où le mystère doit être accepté, c'est là l'initiation. Ne pas perdre du temps avec de la colère. Je veux *Être* en lieu et place de *Faire*. À défaut d'horizontalité, de distance, je préférerais le vertical, l'approfondissement, je vais pratiquer le zoom : un pétale de rose pour toutes les roses du monde. Vivre en fractal. Je coupe alors les groupes WhatsApp, sélectionne mes conversations, et n'écrirai plus une ligne avant d'avoir absorbé chacune de ces heures étranges, immobile et silencieuse. Je veux penser avec le corps, « penser avec mon corps terreux[22] ».

Jeudi 2 avril. Tout ce qui est faux doit disparaître. L'exercice est périlleux. Reconstruire, dit-elle. La période nous incite à vivre pleinement le présent, de puiser enfin dans la plus grande authenticité l'énergie et la sagesse de la reconstruction puis poser, en conscience et en douceur, les nouvelles poutres porteuses.

Pourrons-nous approcher les uns des autres à nouveau ? Nous croiser sans changer de trottoir, sourire sans pleurer ? Pendant que mes petits camarades s'agitent pour penser le monde d'après ou pour en accélérer la destruction, je veux croire que nous retrouverons une vie de liberté. Guerre, stratégie du choc, conquête, ces mots issus du Néolithique se nourrissent des mêmes pulsions que celles qui nous ont menés à l'impasse du capitalisme libéral, oublieux de la finitude

22. Carol Bigwood, *Earth Muse,* Temple University Press, 1993.

et de la beauté du monde. À fleur de peau, je sais que l'écologie punitive, haineuse, qui mise sur l'éthique de la peur, et se nourrit des innombrables crises que nous traversons, ne rassemblera pas ceux qui se battent pour survivre autour de moi et qui puisent dans l'énergie de la vie les forces pour aider les malades à respirer. L'écologie de demain sera fraternelle. Elle renaît sous nos yeux, dans les hôpitaux et les lieux de soins, fleurit sur le compost du confinement, profitant de la décantation des esprits et des corps. Les peaux mortes de nos sociétés du surplus tombent au sol, laissant à nu une population vulnérable, assaillie par une peur de mourir qu'elle ne pensait plus voir ressurgir depuis la Seconde Guerre mondiale. Ceux qui soignent, qui rassurent, qui réconfortent, qui nourrissent, qui s'entraident sont les écologistes de terrain qu'il nous manquait ! Ceux qui ont trouvé refuge dans des jardins de terroirs oubliés, heureux destinataires de l'inestimable cadeau du printemps déployé sous leurs yeux, sont désormais nos alliés. Ils ne voudront pas que l'on abatte ces forêts redécouvertes, que l'on pollue ces paysages refuges, que l'on zèbre à nouveau le ciel de ces avions puants, que l'on laisse à nouveau se noyer Venise sous des monstres d'acier. « La nature », vaguement abstraite et trop souvent opposée au mot « culture » par un dualisme désuet, est devenue, entre-temps, un horizon, une lumière, des feuilles d'arbres, des oiseaux qui chantent, un bien précieux, une source de joie et de guérison de l'âme et du corps.

Reconstruire avec des bâtisseurs, des compagnons, oui. Mais aucune maison ne sera jamais reconstruite avec des artisans qui abattent les poutres aussitôt posées, des maçons qui brisent les blocs de pierre après les avoir assemblés.

***

L'épidémie a été un révélateur des liens d'interdépendance que nous avons avec le vivant en matière de santé. Cela génère risques, mais également des nouvelles opportunités. Depuis dix ans, en tant que journaliste et réalisatrice, j'étudie les bénéfices de la nature sur notre santé physique, psychologique, émotionnelle, mentale. Mes recherches m'ont conduite à une certitude, que les peuples premiers connaissent de toute éternité et que la crise que nous venons de traverser a hélas confirmé : la rupture avec la nature et les pollutions que nous infligeons aux milieux naturels et aux autres êtres, vivants et non vivants, de la Terre, comme à nous-mêmess, affaiblissent notre immunité naturelle et nous prédisposent à vivre des épidémies encore plus dramatiques à l'avenir si nous ne changeons pas radicalement de braquet.

Notre espèce fait face à des risques inédits, qu'elle a créés elle-même en provoquant un dérèglement climatique, en répandant des pollutions chimiques invisibles, en détruisant des habitats (déforestation) où vivent des animaux sauvages et des virus aux effets dévastateurs. Et les chercheurs nous alertent sur le fait que les épisodes de maladies infectieuses (zoonoses), les résistances aux antibiotiques ou les pathologies chroniques liées à nos modes de vie risquent de se multiplier. Notre vulnérabilité en matière de santé globale est avérée. Sans racines profondément ancrées dans la terre, sans l'énergie de l'eau, du sol, de la lumière, les êtres tombent. Nos racines étaient pourries et nous ne le savions pas.

Notre responsabilité intergénérationnelle est de mettre fin à cette condescendance à l'égard du monde vivant.

Quelle sera notre capacité à analyser le danger et à y répondre ? Tout dépend de la conscience planétaire qui émergera de l'épidémie en cours.

L'épidémie a tiré les fils de nos existences pour les resserrer au tissu du monde. Et même si notre nouvelle façon d'habiter le monde est en train d'émerger façon puzzle, deux notions surgies des ombres de ce printemps étrange me paraissent nous éclairer. La première s'appelle One Health (« une seule santé »). Elle a été créée il y a une dizaine d'années par un collectif de médecins, de vétérinaires et d'experts en sciences de l'écologie ou de l'évolution, qui partent du principe que nous empiétons sur des territoires sauvages où vivent des micro-organismes potentiellement ravageurs pour nous. Ils nous demandent de quitter une posture trop anthropocentrée en tant qu'humains colocataires de la Terre. La seconde notion est la Planetary Health[23], « santé planétaire », mise en avant par des professionnels de la santé et de l'écologie, définie comme « l'achèvement du plus haut standard de santé, bien-être et équité au niveau mondial en comprenant les interrelations entre le système humain – économique, politique, social, culturel – et le système naturel, qui définit un cadre environnemental et des limites au sein desquelles l'humanité peut s'épanouir. » Elle se fonde sur la pensée du poète essayiste paysan, Wendell Berry (1969), qui dit en substance que nous avons trop longtemps vécu en pensant que ce qui était bon pour nous était bon pour le monde, mais que nous devons à présent inverser le paradigme : ce qui est bon pour le monde est bon pour nous. Au-delà de leur effort conceptuel, le grand mérite de ces notions est de poser une nouvelle règle : l'interdisciplinarité. Professionnels de la santé, vétérinaires, experts des écosystèmes, de l'écologie, de la biologie humaine, animale, végétale, mais aussi sciences sociales, philosophie et sciences de l'environnement coopèrent sur ces enjeux de santé publique.

Trois femmes remarquables nous avaient pourtant mis sur la voie, j'y repense souvent durant le confinement et je voudrais les saluer comme des grandes sœurs visionnaires qu'elles furent. Ellen Swallow Richards, première femme admise au prestigieux Massachusetts Institute of Technology (MIT) à la fin du XIXe siècle, proposa une approche de l'écologie décrite ainsi : « La qualité de vie dépend de la capacité de la société à apprendre à vivre en harmonie avec son environnement, défini en premier lieu comme la famille, puis la

---

23. *Lancet*, Rockfeller Fondation, 2015.

communauté, et enfin avec le monde et ses ressources. » La deuxième, Gro Harlem Brundtland, premier ministre de Norvège de 1981 à 1996, auteure du rapport *Our common future* (« Notre avenir à tous »), socle du développement durable à l'échelle internationale, a écrit : « Depuis l'espace, nous pouvons nous pencher sur la Terre et l'étudier comme un organisme dont la santé est fonction de celle de tous les éléments. Nous avons le pouvoir de concilier l'activité humaine et les lois de la nature et de mener une existence plus heureuse grâce à cette réconciliation. » La troisième, c'est évidemment Rachel Carson, merveilleuse auteure de l'implacable enquête *Silent Spring* (*Printemps silencieux,* 1962) qui dénonça les risques de l'épandage des pesticides sur la santé humaine (et notamment sur la reproduction) et affirma laconiquement : « Nous avons un problème de coexistence avec les autres êtres vivants… »

***

Sur le terrain, il y a tant à faire.

Mon espoir, mon engagement, mon travail désormais, c'est que les professionnels blancs (médecins, pédiatres, infirmiers) et verts (jardiniers, paysagistes, urbanistes, experts en écologie) se donnent la main. Il faut réinviter le vivant partout où l'on soigne la vie. Ensemble, ils pourront établir des « prescriptions de nature » sur les modèles britanniques et suédois, mettre en place des sessions de *« green or blue gym »* (comme celles pratiquées par plus de 17 000 Britanniques depuis quinze ans, aux effets avérés sur la santé) ; créer des jardins dans les hôpitaux, dans les écoles. Les patients ne seront pas les seuls à bénéficier des capacités de régénération d'un jardin hospitalier, le personnel soignant et les familles en profiteront aussi. La présence ou la simple vue d'un environnement arboré dans un hôpital équivalent à un jour de moins en postopératoire, avec à la clé des économies et une meilleure qualité de vie des patients, mais aussi du personnel hospitalier et des familles[24]. L'expérience de nature est un formidable antistress, un antidouleur, restaure notre équilibre global (homéostasie), régule notre état émotionnel et renforce notre immunité. Le fait de la fréquenter activement, de vivre à proximité de parcs et jardins, et même simplement de voir des arbres, nous préserve des maladies de civilisations.

Sachant les immenses bénéfices, gratuits, que la nature nous procure individuellement et collectivement, à condition qu'on la maintienne en vie, son accès est une priorité de santé publique. Il faut améliorer aussi son accès aux espaces verts dans les villes *via* des corridors écologiques et des transports publics gratuits, créer d'innombrables espaces naturels urbains foisonnants de biodiversité, végétaliser les villes pour valoriser les bienfaits scientifiquement démontrés des arbres contre les maladies cardiovasculaires, les pneumopathies, les îlots de chaleur et les polluants. Avec des effets encore plus importants sur les populations défavorisées (Richard Mitchell, chercheur à l'université de Glasgow).

Faisons de la nature un *tiers* soignant. C'est une vision du monde entièrement nouvelle qui annonce un saut de civilisation. Nous pouvons quitter l'Anthropocène, scellé par un rapport à la nature prédateur et oppressif ; la porte est devant nous.

***

Faire corps avec la nature

Nous sortons d'un épisode traumatique, de grande intensité et de longue durée.

---

24. Roger Ulrich, « View Through a Window May Influence Recovery from Surgery », *Science*, mai 1984.

Comment allons-nous retourner dans cette nature qui nous a tant manqué ? Quel sera notre nouveau lien à la terre, au monde, à la maison[25] ? Aurons-nous conscience que la nature est notre corps XXL ? Que nous respirons avec les arbres, que nous pleurons de l'eau de mer, qu'en nous ondulent des canopées de poumons ? Que notre capacité à entrer en relation avec le vivant qui nous entoure est une assurance vie ? Comme après un long jeûne, les premiers moments sont déterminants car c'est durant cette « reprise végétale » que nos sens sont les plus aiguisés. Nous serons en mesure de redécouvrir les arômes des fleurs, notre nez privé d'odorat avide de sentir les effluves un peu citronnés des roses ; privés d'embrassades et de contacts physiques, nous serons heureux de toucher le velouté d'une fleur de pommier sauvage, de caresser l'écorce un peu rêche d'un pin. Nous avons réalisé le *désir* que nous avons de la nature, parce que nous savons instinctivement qu'elle est bonne pour nous... Spinoza avait raison. Le vert nous sauvera de ces jours mornes que nous venons de traverser et des difficultés à venir. L'abbesse du XIIe siècle, Hildegarde de Bingen, associait la pleine santé à la viridité (*viriditas*) définie ainsi : « La viridité, c'est cette force de vie verdoyante du corps, incarnée par tout ce qui est vert, qui pousse de la terre et fleurit, la force printanière. » Nous sommes nombreux à le savoir intuitivement et à désirer ardemment retrouver la Nature-Médecine.

Mais nous ne retournerons pas dans la nature « comme avant ». D'une part, parce que la nature elle-même a changé, plus exubérante dans ses formes végétales, habitée par les milliers d'insectes, oiseaux, et autres animaux revenus y établir leur refuge naturel, comme ces plages devenues des lieux de nidification pour les oiseaux de mer, des étangs peuplés de têtards, l'air bruissant à nouveau d'insectes, de grillons. D'autre part, car nous avons modifié notre regard sur elle durant le confinement. Certains, chanceux, auront appris à la découvrir,

25. Bigwood, *op. cit.*

ou la redécouvrir dans leurs « jardins de confinés », émerveillés et touchés par ce printemps qui s'est déployé sous leurs yeux de citadins ébahis, pétale après pétale, au ralenti sous un soleil doré. D'autres, la grande majorité, ne disposant pas de jardin, ont été privés de nature, la France ayant fait le choix précoce de fermer parcs et jardins publics contrairement à d'autres pays comme la Grande-Bretagne, le Canada ou la Suède. Pour ceux-là, qui n'ont fréquenté que les platanes des trottoirs, le retour dans la nature est une urgence vitale.

Le premier pas de la régénération de notre lien au monde vivant est dans le jardin, le pied dans l'herbe, le nez au vent ! L'expérience de nature nous invite à nous rapprocher du monde naturel par le biais de nos sens. Elle nous rappelle à une écologie du corps et de l'esprit, c'est-à-dire une écologie intégrale, réconciliant notre perception du monde avec la compréhension que nous en avons, ou du moins tentons d'en avoir.

***

Dimanche 17 mai. Entrée dans le confinement en tant qu'auteure et réalisatrice, j'en ressors en tant que guide de Bains de Forêt. C'est ainsi que je suis retournée dans la grande nature pour la première fois lorsque s'est desserré l'étau à cent kilomètres. Ce bain de forêt, pris en petit groupe de dix, à Fontainebleau, entre hêtres centenaires, pins et rochers aux formes animales, fut une extraordinaire aventure, le début d'une nouvelle ère.

Avides de « viridité », les êtres humains vont désormais pouvoir découvrir le pouvoir transformationnel de l'expérience de nature sur la santé globale. Dans la nature, nous rejoignons l'âme du monde, notre âme la plus pure, et nous pouvons partager cette expérience avec d'autres êtres. La santé dans la nature est un bien universel.

Tel un Bain de Forêt dans la tradition japonaise, nous irons au bois et dans les jardins tous les sens aux aguets, nous pourrons intégrer notre expérience récente de la lenteur par une marche plus contemplative ; nous respirerons avec les arbres, inspirant l'air qu'ils rejettent, rejetant le CO_2 qu'ils absorbent, cherchant à coopérer avec la nature, ressentir de la gratitude, de la joie, et un plaisir renouvelé. Et, là, sous la canopée, le nez dans la lavande ou les pieds dans l'eau, nous pourrons nous poser les trois questions essentielles que les guides partagent avec leurs groupes à la fin du rituel : quelles sont nos relations avec la nature ? Que nous apporte-t-elle ? Et surtout la dernière : et nous, que pouvons-nous lui apporter ?

***

Vers une société de soin

Le Covid-19 a frappé une société malade de s'être coupée du lien avec le monde vivant – les animaux nos frères, les forêts avec lesquelles nous respirons, les minéraux qui stabilisent nos sous-sols, les vers de terre qui aèrent la terre. L'épidémie a tué des humains affaiblis par la rupture du cordon ombilical qui les a nourris pourtant depuis des millénaires. Le cordon avait été arraché par la révolution industrielle et personne ne sait où se trouve le placenta avec nos cellules-souches. Le chirurgien obstétrique a quitté la salle, laissant les parturientes souffrir seules, leurs pauvres compagnons se tenant à leurs côtés, les bras ballants. Quel terrible rejeton naîtra de cette humanité dont les convulsions techno-industrielles provoquent fausses couches et projets écologiques morts nés ?

Les valeurs qui nous ont portés durant ce moment, qui restera dans l'histoire comme « le grand confinement », s'appellent le *care*, le sentiment d'interdépendance avec le vivant, et le temps long. Aujourd'hui, la santé est le socle à partir duquel nous pourrons réinventer ce lien à la nature, au vivant, en réalisant notre lien d'interdépendance, et la force du *care*. Devenons des jardiniers du jardin d'Éden terrestre. Prenons-en grand soin. Vibrons avec elle.

L'écologie de la santé est une écologie du faire, plus seulement du parler. Panser le monde en lieu et place de se contenter de le penser. Le *care*, ou la capacité à prendre soin, sève de la médecine, peut guider et inspirer toutes les pratiques des pouvoirs publics et des institutions internationales. Le *care*, rappellent les auteurs écoféministes comme Joan Tronto, c'est ériger la vulnérabilité en politique. C'est un appel à protéger les plus faibles, à créer des valeurs sociales nouvelles, une nouvelle vision de l'intérêt et de la santé publique, c'est un appel à faire de la santé un bien commun, la nôtre et celle du vivant.

Nous avons accumulé assez de preuves pour savoir que si nous ne faisons rien, ce monde risque rapidement de ne plus être vivable, alors sachons écouter nos cœurs, écoutons pulser l'éthique du *care* née de cette épreuve collective. Les soignants, les auxiliaires de vie, les voisins en réseaux intergénérationnels, nous, vous, sommes revenus à l'essentiel : prendre soin de nos corps, des autres, de notre lien au monde solidifié par un légitime désir d'équité sociale. Longtemps minoré, attribué aux femmes, cantonné à des secteurs socio-économiques dévalorisés, le *care* s'est révélé dans son utilité sociétale et politique : une force douce, capable de soulever des montagnes d'indifférence, garante de notre résilience individuelle et collective.

***

Sur-vivre ne suffit plus. J'ai envie de vivre sur la peau de la Terre. Mes pieds nus caressent la mousse, dehors la lumière est d'or. Je me sens convalescente, nous sommes convalescents. J'éprouve toute la valeur de cette renaissance au temps où la nature revit, elle aussi. Je lâche mon identité de survivante pour sortir au grand air des embruns. Il est temps de franchir une nouvelle étape, celle de la guérison, celle où l'on retrouve de la vigueur. Notre santé, physique, psychologique, émotionnelle, sociale, est UNE avec le monde vivant. La Terre est notre système immunitaire. Qu'elle en soit profondément remerciée. Je suis à son service, j'en prendrai soin.

*Auteure, réalisatrice, journaliste et conférencière spécialisée dans les questions de nature et d'écologie depuis vingt-cinq ans, Pascale d'Erm a collaboré avec la fondation Nicolas Hulot, Yann Arthus-Bertrand et la fondation GoodPlanet, et divers médias (*Psychologies Magazine, Santé Magazine, *Ushuaïa TV, France 5, France 3…). Dans l'édition, Pascale d'Erm a dirigé la collection « Les Nouvelles Utopies » (Ulmer) et a publié une dizaine d'ouvrages aux éditions Glénat, Les Petits Matins ou la Mer salée (*Sœur en écologie, *2017). Elle se concentre actuellement sur deux sujets : les liens entre les femmes et la nature, et les bénéfices de la nature sur la santé physique et mentale. Elle est l'auteure du documentaire* Natura *(avec la participation de Canal+/Planète+, 2018) issu d'une enquête de deux années autour du monde à la rencontre des chercheurs pionniers dans ce domaine, et de l'ouvrage* Natura, comment la nature nous soigne et nous rend plus heureux *(Les Liens qui Libèrent, 2019). Férue d'innovation et de prospective, elle est membre du réseau des Conspirateurs positifs (IFs) et a récemment rejoint le réseau d'experts des Nations unies Harmony with Nature. À l'initiative de Nicolas Hulot, Pascale d'Erm a été nommée Chevalière de la légion d'honneur en 2019. Elle est guide de bains de forêt (tradition japonaise du Shinrin Yoku) depuis 2020.*

Composition : L’Atelier des Glyphes.
Relecture : Dominique Fritsch, Florence Collin et Françoise Besseau.
Fabrication de l’ePub : Joël Faucilhon.
Fabrication du livre papier : Catherine Labrousse.

Massot Éditions s'engage en imprimant tous ses livres en France.

Achevé d'imprimer en septembre 2020
par Normandie Roto Impression s.a.s.
61250 Lonrai
N° d'impression : 2003618

Imprimé en France